Victor Hugo na Arena Política

Leia também a
fantástica biografia de
Victor Hugo escrita com
maestria por Max Gallo:

Eu sou uma força que avança!
Tomo I: 1802-1843

Este um sou eu!
Tomo II: 1844-1885

Michel Winock

Victor Hugo na Arena Política

Tradução

Jorge Bastos

DIFEL

Título original: *Victor Hugo dans l'arène politique*

Capa: Simone Villas-Boas
Ilustração de capa: Léopold Flameng, 1872.

Editoração: DFL

2008
Impresso no Brasil
Printed in Brazil

CIP-Brasil. Catalogação na fonte
Sindicato Nacional dos Editores de Livros – RJ

W742v Winock, Michel
Victor Hugo na arena política/Michel Winock; tradução Jorge Bastos. – Rio de Janeiro: DIFEL, 2008.
144p.

Tradução de: Victor Hugo dans l'arène politique
ISBN 978-85-7432-087-8

1. Hugo, Victor, 1802-1885 – Atividades políticas. 2. Política e literatura – França – História – Século XIX. I. Título

CDD – 848.709
08-2003 CDU – 821.133.1-8

DIFEL – selo editorial da
EDITORA BERTRAND BRASIL LTDA.
Rua Argentina, 171 – 1º andar – São Cristóvão
20921-380 – Rio de Janeiro – RJ
Tel.: (0xx21) 2585-2070 – Fax: (0xx21) 2585-2087

Sumário

“Morte à morte”

1

Em *Diário de um poeta*, de Alfred de Vigny, podemos ler, na data de 23 de maio de 1829, poucas semanas após a publicação de *O último dia de um condenado*, de Victor Hugo:

"Em 1822, quando publicou *Odes*, Victor Hugo se dizia natural da região de Vendée, e sua mãe muitas vezes me disse que ele nascera num povoado não distante de Châteaubriant. Na época ele redigia com os irmãos o jornal *Le Conservateur Littéraire*: ele era um devoto [...] o senhor de Chateaubriand era o seu deus [...] o senhor de Lamennais[1] foi o seu segundo profeta: ele, Victor Hugo, quase se tornou jesuíta e acreditou nele. Victor, porém, acaba de me declarar que,

[1] Padre e escritor francês. Fundou jornais e rompeu com o papado. Foi deputado constituinte em 1848, aderindo a um humanitarismo socialista. (N.T.)

após reflexão, estava deixando a ala da direita, e citou as virtudes de Benjamin Constant." E Vigny preferia a época em que Victor "era um tanto fanático em devoção e em monarquismo; era casto como uma mocinha, mas meio selvagem ao mesmo tempo, e tudo isso lhe caía muito bem; gostávamos dele daquele jeito".

Eliminando o que há nisso tudo de ressentimento pessoal de Vigny, o que se mantém verdadeiro nesse resumo?

Hugo, de fato, começou a carreira poética – poética e política, pois as duas coisas formavam uma só – sob o estandarte branco da Restauração, monarquista e católico. No prefácio de seu primeiro apanhado de poemas, *Odes*, em 1822, ele escreveu: "Há duas intenções na publicação deste livro, a intenção literária e a intenção política; mas, no entender do autor, a última é decorrente da primeira, pois a história dos homens só revela poesia quando julgada do alto das idéias monárquicas e das crenças religiosas."

Católico com certeza, mas "devoto", "quase jesuíta", certamente não. Hugo com má vontade assistia à missa ou seguia os rituais da Páscoa, como lhe pedira o cônego Lamennais. Não, ele era católico porque monarquista, católico em política, um católico pela razão, uma razão que lhe impunha a aliança entre o Trono e o Altar. Em todo caso, aos 20 anos o rapazote quis interná-los em escolas terríveis e privá-los do carinho materno, confiando-os aos cuidados de sua irmã Marguerite Martin-Chopine, que as crianças detestavam e chamavam Goton.

A escolha política do primeiro Hugo, então, esteve estreitamente ligada ao drama familiar de que ele foi vítima, junto com o irmão Eugène. Outras razões o trouxeram a isso. Como escritor espantosamente precoce (ele deu à mãe, para ler, uma tragédia em versos, *Irtamène*, escrita quando tinha menos de 14 anos), muito cedo se convenceu de que não cursaria a Escola Politécnica, como queria o pai, e nem seria advogado, como o deixou acreditar em seguida, para se tornar poeta, escritor, dramaturgo. Um modelo se impôs a ele, como a tantos jovens da sua geração, Chateaubriand, o autor de *O gênio do cristianismo*, o panfletista antinapoleônico que havia escrito *De Buonaparte e dos Bourbon*, o grande escritor tornado o trovador do partido *ultra*. Atribui-se a Hugo uma frase que ele teria pronunciado aos 14 anos: "Quero ser Chateaubriand ou nada." Verdadeira ou apócrifa, a máxima é reveladora quanto à admiração do jovem poeta por aquele a quem chamavam "o encantador", e quanto a seu próprio desejo de glória.

Internos no estabelecimento de Cordier e seguindo também aulas no colégio Louis-le-Grand, Victor e Eugène escreveram poemas, muito jovens ainda, e obtiveram prêmios prematuros. Participaram dos concursos da época, o concurso de poesia da Academia Francesa e o dos Jogos Florais de Toulouse. Na Academia, Victor se classificou em nono lugar, tendo apenas 15 anos de idade, e os jornais comentaram o prodígio. No ano seguinte, terminados os estudos secundários e como o pai lhe pagava uma pensão, ele o convenceu de que se lançaria no estudo do direito. Na verdade, a intenção era outra: entrar sem mais demora na carreira das letras. Foi quando compôs as odes incluídas em suas primeiras publicações, todas saturadas de monarquismo e de espírito *ultra*, seguindo os traços de Chateaubriand.

O autor de *René*, com o título *pair de France* – ou grão-vassalo do rei –, e cuja ambição era ser ministro, acabava de fundar, com alguns escritores de mesma orientação, um jornal de alto nível e periodicidade irregular (para evitar a censura que controlava os periódicos), com grande sucesso imediato: *Le Conservateur*, que circulou de outubro de 1818 a março de 1820. Os irmãos Hugo: Eugène, Victor e também o mais velho, Abel, todos sonhando com uma revista literária, realizaram o sonho e a filiaram a *Le Conservateur*, com o título *Le Conservateur Littéraire*. Victor Hugo produzia a maior parte dos textos assinados, não assinados, assinados com pseudônimos ou iniciais, manifestando o que Alfred de Vigny chamou, lembremos, o fanatismo monarquista. E também, como novidade, um catolicismo ostensivo.

Hugo era, na época, um jovem casto, como nos disse Vigny. Absolutamente verdadeiro. Muito moço, se apaixonou por Adèle Foucher, cujos pais eram amigos de sua mãe. Amor sublimado ao máximo. Ao poeta não faltaram rimas e nem insensatez para tornar Adèle, uma burguesinha bastante sem graça, bonita mas um tanto insignificante, uma deusa adorada. Nenhum dos dois tinha 20 anos, Victor não tinha profissão e Adèle não era rica: de ambos os lados os pais foram absolutamente contra o casamento. Victor Hugo, no entanto, perdeu sua adorada mãe em 27 de junho de 1821. Foi do pai Léopold, ainda em Blois, que ele precisou obter a autorização para o matrimônio: tinha apenas 19 anos.

O desejo de se casar com uma jovem cujos pais eram cheios de respeito pela religião teve também um papel na adesão de Hugo ao catolicismo. Em todo caso, foi preciso uma certidão de batismo. Ao ser consultado em Blois, Léopold respondeu que Victor provavelmente nunca tinha passado pela pia batismal. Ele, que glorificava o catolicismo como se fosse um patriarca, teria de se submeter a um tardio batismo doméstico! Não. O pai afinal enviou um atestado e o amigo cônego Lamennais condescendeu em validá-lo.

Pode-se dizer que Victor Hugo foi católico apenas por engajamento monarquista e conveniência social: para se casar com Adèle.

O casamento, celebrado na igreja de Saint-Sulpice em 12 de outubro de 1822, foi ocasião para uma aproximação com o pai, que ele finalmente reencontrou em Paris, no ano seguinte. Pode-se conjecturar que isso exerceu uma influência na evolução política de Victor Hugo. Aparentemente, como escreveu Stendhal, Hugo continuava sendo "o verdadeiro poeta do partido *ultra*". Em 1821, ele aderiu à Sociedade Real das Boas Letras, ligada ao poder. Passou a receber uma pensão do rei, a pedido da duquesa de Berry. Um acontecimento, no entanto, o distanciou da corte que o via com bons olhos: a maneira como o seu deus, Chateaubriand, foi exonerado do cargo de ministro do Exterior, em junho de 1824. O visconde passou para a oposição e Hugo o acompanhou. Mas o rei morreu. Seu irmão, conde de Artois, o sucedeu com o nome de Carlos X. O novo rei condecorou Hugo com a Legião de Honra e o convidou para a coroação. Hugo foi. Tirou daí – último ato de fidelidade ao poder – uma ode *Sobre a sagração de Carlos X*, que lhe valeu uma entrevista bem morna com o soberano e um serviço de mesa, em brilhante porcelana de Sèvres, para o jovem casal.

Hugo prosseguiu sua obra. Publicou *Han da Islândia*, assim como *Bug-Jargal*; atrelou-se em seguida a um vasto drama, *Cromwell*, com a missão de demonstrar a pertinência e a força do teatro romântico contra os retrógrados do teatro clássico, que dominavam ainda a cena, as salas subvencionadas e a maior parte dos jornais importantes.

Enquanto terminava a peça, Hugo dava sinais de sua lenta evolução política. Em fevereiro de 1827, compôs a ode *À coluna da praça Vendôme*, ou seja, o monumento moldado no bronze fundido dos canhões tomados do inimigo em 1806. Era a marca da reconciliação com o pai. Era a confissão da simpatia bonapartista, no momento em que a oposição liberal se apropriava da lenda napoleônica, contra a monarquia dos Bourbon:

Destroço do Grande Império e do Grande Exército,
Coluna, da qual tão alto clama a nomeada!
Gosto de ti: o estrangeiro te admira com pavor.
Gosto dos teus antigos heróis, esculpidos pela Vitória,
E de todos esses fantasmas de glória
Que se aglomeram a teu redor.[3]

---

[3] *Débris du Grand Empire et de la Grande Armée, / Colonne, d'où si haut parle la renommée! / Je t'aime; l'étranger t'admire avec effroi. / J'aime tes vieux héros, sculptés par la Victoire, / Et tous ces fantômes de gloire / Qui se pressent autour de toi.*

De um lado, *Cromwell*, a revolução teatral; de outro, a ode à Coluna, mais um passo em direção à oposição liberal, cujo chefe, nos disse Vigny, era Benjamin Constant. No momento em que, com Villèle,[4] o governo endureceu e perseguiu a imprensa, ameaçando-a com uma nova censura que, ironicamente, se chamava "de justiça e de amor", enquanto Carlos X passava em revista a Guarda Nacional[5] e ouvia gritarem atrás de si: "Abaixo os jesuítas!", "Viva a liberdade de imprensa!"; nesse mesmo ano 1827 – em que os funerais do deputado liberal Manuel provocaram uma imensa manifestação no cemitério de Père-Lachaise –, Victor Hugo dava prosseguimento à sua muda política.

O primeiro acontecimento foi *Cromwell*, que começou a circular em livrarias em 5 de dezembro de 1827. Foi um acontecimento maior na história literária, nem tanto pela própria peça, impossível de ser encenada, mas pelo prefácio, verdadeiro manifesto pelo novo teatro. Inversamente à tragédia clássica,

---

[4] Foi chefe político dos *ultras* e presidente do Conselho. Dissolveu a Câmara dos Deputados e afinal se demitiu em 1828. (N.T.)

[5] A Guarda Nacional foi um corpo civil de milícia armada, criado em 1789, e esteve presente em todas as agitações populares parisienses no século XIX. Foi dissolvida em 1871, depois de apoiar o movimento da Comuna. (N.T.)

atada por regras, Hugo proclamou a liberdade na arte, que apenas o *drama* conseguiria exprimir, descrevendo o homem em sua totalidade, tanto sublime quanto grotesca. "A poesia do nosso tempo, então, é o drama; a característica do drama é o real; o real resulta da combinação absolutamente natural de dois tipos, o sublime e o grotesco, que se cruzam no drama como se cruzam na vida e na criação."

A nova poética teatral foi abundantemente comentada na imprensa. A batalha entre clássicos e românticos se ampliou. Sainte-Beuve, crítico do jornal *Le Globe*, tomou o partido de Hugo. Os dois homens se tornaram amigos. Era preciso, no entanto, pôr em prática a teoria: sendo impossível encenar *Cromwell*, sobretudo por causa do número de personagens, Hugo escreveu *Marion de Lorme*. Em vão, pois a peça não conseguiu a licença da censura. Nesse meio-tempo, Alexandre Dumas foi aplaudido por seu *Henrique III*. Com isso, entrava em cena o teatro romântico. Em fevereiro de 1830, veio a apoteose, com a furiosa batalha do *Hernani*.

Hugo, entretanto, levava adiante inúmeros projetos paralelos. Ele engendrou filhos – Léopoldine, Charles, François-Victor –, produziu poemas – em breve publicaria *As orientais* –, escreveu teatro e se lançou em um texto que seria provavelmente seu mais arrojado ato político sob a Restauração: *O último dia de um condenado.*

Como o título indica, era a história de um homem, prisioneiro, julgado e condenado, à espera da morte em sua cela. O que ele fez? O leitor não saberá. Ao receber o manuscrito, o editor Gosselin se preocupou. Como interessar o público por um personagem impessoal? Hugo respondeu com altiva rudeza: "A carta que o senhor me deu a honra de escrever foi a primeira desse tipo que recebi. Até então – e lamento ser forçado a lembrar o fato – os editores sempre pegaram sem ler o que vinha de minha mão." Gosselin aceitou. Hugo tinha uma boa razão para não personalizar seu condenado: através dele, era a pena de morte que estava em jogo; eram todos os condenados à morte, o que quer que tivessem feito, que estavam sendo evocados, no infernal estado de espera do castigo. Ele se explicaria no prefácio da edição de 1832:

"O autor agora pode desmascarar a idéia política e social que ele tentou popularizar sob essa ingênua e cândida forma literária. Ele então declara, ou melhor, claramente confessa que *O último dia de um condenado* outra coisa não é senão o discurso de defesa, direto ou indireto, como se queira, pedindo a abolição da pena de morte. [...] E, para que o discurso seja tão amplo quanto a própria causa, ele precisou – e por isso

O último dia de um condenado assim se apresenta – podar por todos os lados, em seu personagem, tudo que fosse contingente, incidental, particular, específico, relativo, modificável, episódico, anedótico e ocorrente, assim como o nome próprio, se limitando (se isto for se limitar) a discursar pela causa de um condenado qualquer, executado em um dia qualquer, por um crime qualquer."

De onde veio a necessidade de iniciar tal campanha? Uma longa campanha, pois em toda a vida e até a morte, Victor Hugo não deixaria, sempre que pudesse, de condenar a pena de morte. Bem mais tarde, em 1862, ele explicou numa carta a um cidadão de Genebra, no momento em que a cidade retificava sua Constituição e se interrogava quanto à pena de morte:

"Em Paris, em 1818 ou 1819, num dia de verão, por volta de meio-dia, passei em frente ao Palácio da Justiça. Havia uma multidão em volta de um poste fincado e eu me aproximei. No poste estava amarrada, com argola de ferro no pescoço, uma criatura humana, uma jovem mulher. Em frente a seus pés havia um fogareiro, cheio de carvões ardentes, e um ferro com cabo de madeira estava mergulhado nas brasas, incandescendo. A multidão parecia contente. A mulher era culpada do que a jurisprudência chama *roubo doméstico,* e a metáfora popular *engordar os preços* para desviar o dinheiro das compras. De repente, quando soou meio-dia, por trás da mulher e sem que ela o percebesse, um homem subiu no cadafalso. Eu tinha observado que a bata de burel da mulher tinha, por trás, uma abertura presa por cordões. O homem rapidamente os desamarrou, abriu a veste, descobrindo até a cintura as costas da mulher, pegou o ferro no fogareiro e o aplicou, pressionando-o profundamente no ombro nu. O ferro e o punho do carrasco desapareceram em uma fumaça branca. Guardo ainda no ouvido, passados 40 anos, e terei sempre na alma o pavoroso grito da supliciada. Para mim, aquela que era uma ladra se tornou um mártir. Saí dali determinado – eu tinha 16 anos – a combater para sempre as más ações da lei."

Mais tarde, em 1823, ele testemunhou um outro espetáculo, mais sombrio ainda. Tratava-se da subida ao patíbulo de um parricida, Jean Martin. Adèle, em *Victor Hugo contado por uma testemunha da sua vida*, escreveu:

"Em Pont-au-change, a multidão estava tão densa que era difícil avançar. Os senhores Victor Hugo e Jules Lefèvre conseguiram, apesar disso, chegar à praça [de Grève]. As casas estavam apinhadas de gente. Os locatários haviam convidado amigos para a *festa*; viam-se mesas com frutas e vinhos; janelas tinham sido alugadas a bom preço; mulheres jovens se apoiavam nos parapeitos com um copo na mão e rindo alto ou fazendo sinais para os rapazes. Mas logo as brincadeiras cessaram, dando lugar ao prazer mais vivo: a carroça chegava.

O paciente, de costas para o cavalo, para o carrasco e seus ajudantes, tremia sob uma chuva que se intensificava. Tinha a cabeça coberta por um tecido escuro amarrado no pescoço, vestindo apenas calças de brim cinza e uma camisa branca. O capelão das prisões, cônego Montès, falava com ele e apresentou-lhe um crucifixo para beijar através do pano.

O senhor Victor Hugo via a guilhotina de perfil; pareceu-lhe apenas um poste vermelho. Uma ampla área guardada pela tropa isolava o patíbulo; a carroça chegou até ali. Jean Martin desceu, conduzido pelos ajudantes, e depois, ainda com o apoio deles, subiu a escada. O capelão o acompanhou e, em seguida, o oficial de justiça, que leu o julgamento em voz alta. O carrasco então ergueu o véu escuro, deixando ver um rosto jovem, assustado e espavorido. Tomou a mão direita do condenado, prendeu-a no poste com uma corrente, pegou uma machadinha, ergueu-a no ar; mas o senhor Victor Hugo não pôde mais ver, desviou a cabeça e só voltou a ter domínio de si quando o *Ha!* da multidão significou que o infeliz cessara de sofrer."

O livro de Victor Hugo, *O último dia de um condenado*, foi execrado pela crítica. Por razões literárias visíveis:

que condenado era aquele, de quem nada se sabia? "Esse criminoso não teve um passado", escreveu Nodier em *Le Journal des Débats*, "ele chega ali sem antecedentes, sem lembranças, deixando a impressão de não ter vivido antes do crime". Mas também, e sobretudo, não se perdoou a Hugo a defesa implícita feita em favor da abolição. Balzac, em *O pároco de aldeia*, defendendo teses tradicionalistas, falou de "*O último dia de um condenado*, triste elegia, inútil discurso de defesa contra a pena de morte, esse grande suporte das sociedades..."

Era exatamente o cerne do problema. Hugo, como todos os abolicionistas vindos depois, negava absolutamente a eficácia social da pena de morte. Por que tornar a sociedade, que é anônima, abstrata e cega, tão criminosa quanto os criminosos? Teria o direito de se exonerar do mandamento "Não matarás"? A luta pela abolição da pena de morte lhe pareceu particularmente civilizadora. As execuções não eram exemplos dissuasivos, mas contra-exemplos encorajando a ferocidade humana. "Negamos a idéia de o espetáculo dos suplícios produzir o efeito que se espera. Em vez de edificar o povo, ele o desmoraliza, arruína toda sensibilidade e, com isso, toda virtude." A execução pública fascinava mais do que aterrorizava; permitia que se admirasse a coragem daqueles que enfrentavam a morte com bravura; perenizava a lei de talião dos homens mantidos em estado de natureza: olho por olho, dente por dente, cabeça por cabeça; desconsiderava a autoridade que não teve autoridade para impedir o pior, o crime, a barbárie inicial. Dissimulada, sub-reptícia, longe dos olhos da multidão, por trás dos muros da prisão, a execução mostrava a vergonha de um Estado, de uma justiça de Estado que fazia seus acertos de contas às ocultas. Pior que tudo e em todos os casos, ela significava a confissão de uma desesperança, a de que o homem precipitado no crime não podia nunca se recobrar.

"Das duas coisas, uma:

O homem contra o qual os senhores acometem não tem família e nem parentes ou vínculos de adesão a este mundo; e, neste caso, não recebeu educação, nem instrução, nem cuidados para o seu coração, e, então, que direito têm de matar tão miserável órfão? Os senhores o punem porque sua infância se arrastou pelo chão, sem talo e sem apoio! Condenam-no de antemão ao isolamento em que já o tinham abandonado! Tornam sua infelicidade seu crime! Ninguém lhe ensinou a ter consciência do que fazia. Esse homem ignora. Sua culpa está em seu destino, e não em si. Os senhores atacam um inocente.

Ou o homem tem uma família; e, neste caso, acreditam os senhores que o golpe com que o degolam fere apenas ele? Não sangram o seu pai, sua mãe, seus filhos? Não. Ao matá-lo, é a toda a família que decapitam. E, uma vez mais, são inocentes que os senhores atacam."

Em seu relato, o condenado escreveu:

"Ah! se os jurados pelo menos a tivessem visto, minha linda Mariazinha! compreenderiam que não se deve matar o pai de uma criança de três anos.

E quando ela crescer, se puder, o que será dela? O pai se tornou uma das lembranças do povo de Paris. Ela terá vergonha de mim e do meu nome; vai ser desprezada, rejeitada, vilipendiada por minha culpa, eu que a amo com toda a ternura do coração. Ó pequena Maria bem-amada! Será possível que venha a ter vergonha de mim e horror?"

Até o último momento – nova tortura – ele esperou sua graça:

"Ah, minha graça! minha graça! talvez me concedam a graça. O rei não me quer mal. Busquem meu advogado! rápido, o advogado! Aceito de bom grado os trabalhos forçados. Cinco anos de trabalhos e que tudo esteja resolvido – ou 20 anos – ou à perpetuidade com o ferro rubro. Mas mercê para a vida!

Um forçado ainda pode andar, pode ir e vir, pode ver o sol."

Hugo, como dissemos, continuou a lutar pela abolição. Em 1848, a República proclamou-a para crimes políticos. Mas, enquanto ele viveu, não conseguiu convencer os legisladores e nem a opinião pública. Em 1908, sob a Terceira República, um grande debate demonstrou os progressos da causa: Clemenceau, Briand, Jaurès, o cônego Lemire, entre outros, representaram a voz dos abolicionistas; mas foram ainda minoritários. O nome de Victor Hugo voltou em seus discursos. Suas palavras mais uma vez ressoaram em vão, mas não à-toa: "Fim do patíbulo! morte à morte!"

A adesão à República

2

A batalha do *Hernani*, travada a partir do final de fevereiro de 1830, no Théâtre-Français,[6] fazia parte da guerra literária. Entretanto, sob a batuta de Victor Hugo, o romantismo, que crescera nas dobras da reação política, havia progressivamente passado para o lado da oposição liberal. Em sua apresentação da peça, Hugo pleiteava a liberdade na poesia tanto quanto na política. A estréia se deu poucas semanas antes dos decretos de Carlos X, que foram o estopim da revolução.

Quando em três dias de julho de 1830 – os "Três Gloriosos" – desmoronou o regime da Restauração, Hugo aplaudiu o evento como "uma aurora". Tornara-se

---

[6] O Théâtre-Français, criado em 1680, abrigava a instituição estatal da Comédie-Française. Ter uma peça encenada no Français era evidente sinal de prestígio. (N.T.)

ele republicano? "Minha antiga convicção monarquista e católica de 1820", escreveu, "vem se desmanchando pouco a pouco há 10 anos, com a idade e a experiência. Resta, no entanto, algo ainda em meu espírito, mas apenas uma religiosa e poética ruína. Eu me recolho às vezes, considerando-a com respeito, mas não rezo mais por ela."

No fundo, o novo regime de Luís Filipe, uma monarquia burguesa, espécie de república coroada, livre do direito divino e prometendo maior liberdade, lhe pareceu a melhor solução – ou a menos ruim – naquele momento da França: "Antes da república tenhamos, se for possível, uma coisa pública."

O início do novo regime foi marcado por rebeliões e tumultos, como a insurreição dos operários da seda (*canuts*) na cidade de Lyon, em 1831, que foi também o ano do enterro do general Lamarque, terminado em motim. Hugo escreveu: "Tumulto no cortejo fúnebre de Lamarque. Loucuras afogadas no sangue. Um dia teremos uma república e ela será boa, quando vier por si mesma. Mas não vamos colher em maio o fruto que só vai estar maduro em julho; saibamos esperar. A república proclamada pela França na Europa será a coroa para os nossos cabelos brancos. Mas não se deve aceitar que grosseirões manchem de vermelho nossa bandeira."

Enquanto isso, Hugo tinha todos os meios para se tornar um notável naquele reino de notáveis que foi a monarquia de julho. Em 1830 ainda zombavam muito dele por conta do *Hernani*: "Absurdo como o *Hernani*, monstruoso como o *Hernani*", dizia-se. Mas os anos seguintes foram os de uma glória anunciada, programada, estabelecida.

A glória literária, primeiramente. Romance: *Notre-Dame de Paris*. Poesia: *As folhas de outono*, *As vozes interiores*, *Os raios e as sombras*. Teatro: *Marion de Lorme*, finalmente levada à cena, *Ângelo*, *Ruy Blas*, *Os burgraves*. Tudo isso coroado pela eleição à Academia Francesa, em janeiro de 1841. Uma glória semeada com ouro. O poeta ficou rico, com os editores lhe propondo contratos fastuosos.

A glória política, em seguida. Não foi ele nomeado, pelo rei, *pair de France*, "grão-vassalo", em 1845? Um *pair* que, logo de início, causou escândalo por sua conduta em campo nada político. Vivendo entre Adèle, a esposa legítima, e, desde 1833, a amante Juliette Drouet, que ele mantinha em um apartamento de andar térreo da rua Saint-Anastase, Hugo ainda recebia em seu sótão da praça Royale (atual praça des Vosges), com acesso por uma passagem discreta, um enxame de mulheres mais ou menos venais, atrizes e moças fáceis – coisa tornada habitual, bem-dissimulada e sem implicar grandes conseqüências. O escândalo estourou quando Hugo foi repentinamente descoberto em um quarto alugado da Rua Saint-Roch, em 5 de julho de 1845, na companhia de Léonie Biard d'Aunet, por um delegado chamado pelo marido enganado. Léonie foi levada à prisão de Saint-Lazare, onde ficou até 10 de setembro. Um grão-vassalo bem recente, pego em flagrante delito de adultério, era ótimo assunto para a imprensa. Os amigos de Hugo ficaram desolados, e o rei aconselhou uma temporada no campo.

Em 19 de março de 1846, ele se arriscou em um terreno diferentemente político: a questão da Polônia, que passara em fevereiro por uma nova insurreição, seguida por repressão austro-russa implacável. A Assembléia, pouco simpática àquele que a fizera passar pelo recente escândalo, ouviu-o com frieza. Um grande tribuno, porém, estava nascendo: "Senhores, a nacionalidade polonesa é gloriosa; ela precisava ter sido respeitada. Que a França advirta os príncipes, que ponha um termo e imponha obstáculos às barbáries. Quando a França fala, o mundo ouve; quando a França aconselha, um misterioso trabalho se instaura nos espíritos e as idéias de direito e liberdade, de humanidade e razão germinam em todos os povos."

O cuidado com que Hugo tratou as aspirações nacionais na Europa não era fortuito e se manteve por toda a sua vida. Em 13 de janeiro de 1848, ele pronunciou outro discurso, então em favor da Itália. Abordagens que não refletiam a opinião majoritária, é verdade, mas sustentadas por um homem considerável, bem-relacionado na corte, amigo dos príncipes e do rei, estrela dos jantares parisienses, anfitrião do *Tout-Paris* e que, em política, ficava bons passos atrás de seu amigo Lamartine, muito mais audacioso. Mas Hugo não tinha grandes ilusões quanto ao governo. A Charles Dupin, em junho de 1847, ele disse: "O sr. Guizot[7] é pessoalmente incorruptível e governa pela corrupção. Ele me dá a impressão de uma mulher direita que dirige um bordel." Mas seu espírito crítico tinha limites. Ele continuava a escrever. Começou um novo romance, *Les misères* (que se tornaria *Os miseráveis*). Entre livros, mulheres e intervenções na Câmara, Hugo seria um homem perfeitamente feliz, não fosse a morte que o rondava, tirando-lhe a filha Léopoldine e tomando de Juliette a filha Claire...

Quando explodiu a revolução de fevereiro, ele se manteve não republicano. Tomou partido: apoiou a regência de Hélene d'Orléans, inclusive na rua, onde foi contestado: "Sim, sou grão-vassalo e falo como *pair*

---

7 Era presidente do Conselho e chefe efetivo do governo, cuja política conservadora provocou a revolução de 1848. (N.T.)

de France. Jurei fidelidade não a uma pessoa real, mas à monarquia constitucional. Enquanto um outro governo não for constituído, é meu dever me manter fiel ao atual. E sempre acreditei que o povo não gosta de quem não cumpre seu dever, qualquer que seja ele."

Hugo precisou aceitar a república. Indo procurar Lamartine, o amigo lhe ofereceu primeiro a poltrona de prefeito, a título provisório, do 9º *arrondissement*[8], e, depois, o Ministério da Instrução Pública. Ele recusou. Não estava ainda no diapasão do movimento revolucionário. Apesar disso, algumas medidas do governo provisório contaram com seu total apoio, principalmente a abolição da pena de morte em matéria política – "um fato sublime", ele disse em 27 de fevereiro a Lamartine, o qual, aliás, acabava de convidar seu filho, Charles Hugo, para sua assessoria. Em 2 de março, inaugurando uma árvore da Liberdade na praça Royale, que voltara a ser praça des Vosges, Hugo terminou seu discurso com um "Viva a República universal!". Sua escolha estava feita: apesar das prevenções que ainda mantinha com relação ao novo regime

---

[8] As zonas administrativas de Paris – atualmente elas são 20 –, cada uma com sua "prefeitura". A Prefeitura propriamente de Paris se situa no Hôtel de Ville, palco dos freqüentes motins na cidade. (N.T.)

que se estabelecia, ele seria candidato à Assembléia Constituinte.

Em 29 de março, em uma *Carta aos eleitores*, ele declarou: "Meu nome e meus trabalhos creio que não são absolutamente desconhecidos de meus concidadãos. Se meus concidadãos, com liberdade e soberania, julgarem adequado me chamar para tomar lugar como seu representante na Assembléia que vai ter em suas mãos os destinos da França e da Europa, eu aceitarei com recato esse austero mandato. Irei preenchê-lo com tudo que houver em mim de dedicação, de desinteresse e de coragem."

Hugo fracassou diante do sufrágio universal. Com as eleições complementares de junho lhe abrindo uma nova oportunidade, ele perseverou, redigindo nova profissão de fé, *Victor Hugo a seus concidadãos*, em que se proclamou partidário de uma república, contra uma outra. À república da bandeira vermelha ele opôs "a santa comunhão de todos os franceses"; ao terror, a civilização. As eleições complementares de 4 de junho de 1848 permitiram que ele se tornasse membro da Assembléia Constituinte. Já de início, teve de se posicionar em face de uma das questões mais graves, a dos Ateliês Nacionais[9]. Hugo se revelou abertamente

[9] Iniciativa do novo governo para dar trabalho em obras públicas a desempregados e garantir-lhes um salário. (N.T.)

hostil à sua continuidade: "A monarquia tinha ociosos, a república terá preguiçosos." Ele, então, votou pela supressão dos Ateliês Nacionais – ou, como leu em uma parede de Paris, as "manjedouras nacionais" – em 21 de junho de 1848. Mas a insurreição conseqüente a isso o levou a buscar uma conciliação, urdida no mais profundo de sua fibra humanitária. No dia 26, terminados os combates, escreveu a Juliette: "Usei meu mandato, nos últimos três dias, conciliando corações e evitando efusão de sangue. Consegui alguma coisa. Estou extenuado de cansaço. [...] Até que enfim terminou essa guerra de irmãos contra irmãos! Quanto a mim, estou são e salvo, mas quantos desastres! Nunca vou esquecer tudo que vi de horrível nas últimas 40 horas."

Essa compaixão de Victor Hugo pelos revoltosos que ele havia combatido pode ser vista em *Os miseráveis*: "Os mendigos agridem o direito comum; a oclocracia se insurge contra o *demos*. São dias lúgubres; pois sempre há uma certa quantidade de direito, mesmo em tal demência, como há suicídio nesse duelo. Palavras que se pretendem injuriosas: mendigo, gentalha, oclocracia, populacho constatam, infelizmente, mais a culpa daqueles que reinam do que a dos que sofrem; mais a culpa dos privilegiados do que a dos deserdados."

Os dias de junho aceleraram a muda política de Hugo.

Na continuidade dos dias de junho, o governo chefiado por Cavaignac interditou 11 jornais, prendeu jornalistas (como Émile de Girardin, seqüestrado e mantido em segredo por 10 dias) e limitou o direito de imprensa, restabelecendo a caução. Em 1º de agosto, Hugo subiu à tribuna: "Peço ao excelentíssimo general Cavaignac que queira nos dizer se acha que os jornais interditados podem voltar a circular imediatamente, sob o manto das leis existentes, ou se devem, enquanto esperam uma nova legislação, permanecer no estado em que se encontram, nem vivos e nem mortos, não só impedidos pelo estado de sítio, mas confiscados pela ditadura." Cavaignac não respondeu; a Assembléia passou à ordem do dia.

Na véspera, em 31 de julho de 1848, um novo jornal surgira, *L'Événement*. Hugo afirmaria, até o fim do periódico, que nada tinha a ver com isso, mas seus dois filhos, Charles e François-Victor, estavam em sua direção. Aliás, a divisa do jornal era uma frase de Hugo: "Ódio vigoroso à anarquia; terno e profundo amor pelo povo." Para o deputado Hugo, aquele jornal se tornou um apoio dos mais importantes, na medida em que ele se comprometia cada vez mais nos debates da Assembléia, votando mais freqüentemente com a esquerda do que com os amigos da rua de Poitiers – o quartel-general da direita. Várias vezes ele juntou sua voz àquelas que exigiam o fim do estado de sítio e continuou sua batalha pela liberdade de imprensa.

Quando veio, afinal, a discussão do projeto de Constituição, Hugo não abandonou a vigilância ativa. Em 7 de setembro, junto com a esquerda, pediu uma referência explícita à Declaração dos Direitos do Homem no preâmbulo da Carta. No dia 15, com a discussão abordando a abolição da pena de morte em matéria política, uma emenda foi proposta a favor de sua abolição geral, e Hugo a defendeu na tribuna: "Voto pela abolição pura, simples e definitiva da pena de morte." Em vão. Situado ainda na direita, Victor Hugo ocupava uma situação particular na Assembléia. Ele se diferenciava dos "republicanos da véspera" por sua recusa de uma Assembléia única, cujo princípio foi votado. Contra os "republicanos do dia seguinte", aqueles que aderiram na 25ª hora, ele retomou o combate pela liberdade de imprensa e pediu o fim do estado de sítio: "Eu votei outro dia", exclamou em 11 de outubro, "contra a pena de morte; hoje eu voto pela liberdade. Por quê? Porque não quero ver de volta 1793! Porque em 93 havia o patíbulo e não havia liberdade. Sempre fui, qualquer que fosse o regime, pela liberdade, contra a compressão. Por quê? Por que a liberdade regulamentada pela lei produz ordem, e a compressão produz explosão. Esta é a razão por que não quero compressão e quero liberdade". O estado de sítio foi suspenso no dia seguinte, 12 de outubro de 1848.

Em 4 de novembro, passou-se à votação da Constituição; Hugo recusou endossar o projeto votado pela maioria de direita. No trabalho de comissão, Tocqueville teve papel central. Ele conseguiu convencer seus colegas a desistirem do direito ao trabalho, proclamado em fevereiro: era, a seu ver, o mesmo que decretar o socialismo, e o socialismo era o contrário da propriedade privada, o contrário da liberdade individual. O preâmbulo do texto constitucional se contentou em afirmar (artigo 8º) que a República devia, "com uma assistência fraternal, assegurar a existência dos cidadãos necessitados". Em contrapartida, Tocqueville não foi ouvido ao preconizar o bicameralismo. Era uma das razões pelas quais, como bom liberal preocupado com o equilíbrio dos poderes, ele foi favorável à eleição do presidente da República pelo sufrágio universal. O apoio que deu Lamartine à tese garantiu-lhe, no final, o sucesso contra as aspirações da esquerda. Hugo explicou seu voto negativo em uma carta inserida no jornal *Le Moniteur*, de 5 de novembro: "A instituição de uma Assembléia única me parece tão perigosa para a tranqüilidade e prosperidade do país, que achei não dever votar uma

Constituição em que tal gérmen de calamidade estivesse incluso. Espero, profundamente, que o futuro não me dê razão."

A eleição presidencial estava prevista para 10 de dezembro. Hugo não era declaradamente hostil à candidatura de Luís Bonaparte. Ele havia deixado claro o que achava do candidato adversário quando, em 25 de novembro, a Assembléia votou uma ordem do dia parabenizando o general Cavaignac, por 503 votos contra 34: ele foi um dos 34. Após a eleição triunfal de Bonaparte, Hugo aceitou o convite para o primeiro jantar oferecido pelo presidente da República no Eliseu, inaugurando-o como palácio presidencial e procurando seu estilo próprio. Chamado em particular por Luís Bonaparte no final da comemoração, aceitou de bom grado aconselhar o príncipe: o imperador havia realizado um grande governo pela guerra, ele próprio devia "realizar um grande governo pela paz".

As eleições legislativas ocorreram em 13 de maio de 1849. Victor Hugo se apresentou ainda como aliado da direita; participou do comitê eleitoral dos "burgraves" da rua de Poitiers, ao lado de Montalembert, Falloux, Bugeaud, Molé, Berryer, Thiers. Segundo ele, "o isolamento não é possível em tempo de eleições, da mesma forma que a solidão no meio de um campo de batalha". Ele não tinha certeza de garantir um lugar, não sendo visto o bastante à esquerda para a esquerda, e nem seguramente à direita para a direita. Foi, no entanto, o décimo melhor desempenho em Paris, com 117.069 votos.

O republicanismo bem temperado de Hugo deixou lugar à recusa cada vez mais determinada das medidas reacionárias decididas pela direita. A ocasião da ruptura se apresentou em dois tempos, dois discursos que desencadearam contra ele a maioria da Câmara. O primeiro, em 9 de julho de 1849, sobre a miséria, e outro, em 19 de outubro, sobre a questão romana. Em seguida a uma proposição da comissão instituída para o exame das "leis relativas à previdência e à assistência pública", a discussão foi aberta por Victor Hugo. Ele denunciou aqueles para quem "não há o que se possa fazer, além do que já foi feito por todos os governos". Sem citar qualquer nome, causou protestos indignados da direita e do centro. Ao declarar: "Não estou, cavalheiros, entre os que acreditam ser possível suprimir o sofrimento neste mundo, o sofrimento é uma lei divina, mas me incluo entre os que crêem e afirmam poder destruir a miséria", tais palavras provocaram uma tempestade de repúdios violentos da direita. Hugo, socialista? Não. Ele claramente disse querer "sufocar as quimeras de um certo socialismo, sob as realidades do Evangelho". E explicou: "Há, no fundo do socialismo, uma parte das realidades dolorosas do nosso tempo e de todos os tempos..." Devia-se, então, aproveitar do socialismo o que ele tem de verdadeiro, para evitar o que ele tem de perigoso. E insistiu: "Destruir a miséria, sim, é possível."

Causou balbúrdia, foi contestado e vaiado, pelo discurso que se abeirava da revolução. Algumas semanas depois, Hugo foi objeto de novos ataques da direita mais buliçosa, ao intervir a propósito da questão romana. Pio IX havia tentado organizar em 1848 um regime constitucional, mas seu primeiro-ministro, Rossi, foi assassinado, e o papa se refugiou em Gaeta, no reino de Nápoles. Fez então um apelo, em fevereiro de 1849, às potências católicas para que viessem em seu auxílio, pois o movimento nacional italiano, encabeçado por Mazzini, instaurara uma República romana. Em 1º de julho de 1849, Roma foi tomada pelo general francês Oudinot e o papa pôde voltar à sua cidade. Pio IX restabeleceu, por moto-próprio de 12 de setembro, o poder absoluto. Victor Hugo, em 19 de outubro, pediu ao papado que aceitasse "a dupla bandeira tão querida da Itália: *secularização e nacionalidade*". O papa devia dar fim ao espírito clerical e compreender a aspiração pela unidade italiana. Reação fremente, rumores, interrupções, protestos e violento tumulto à direita, com prolongado aplauso da esquerda. *Le*

Moniteur assinalou a agitação provocada pelo orador, com parênteses eloqüentes em sua transcrição do discurso. Hugo concluiu: "O que não é possível é que a França tenha engajado uma das maiores e mais sagradas coisas que há no mundo, a sua bandeira; que tenha engajado algo não menor e nem menos sagrado, a sua responsabilidade moral perante as nações; que tenha prodigalizado seu dinheiro, o dinheiro do povo sofrido; que tenha derramado, repito, o glorioso sangue de seus soldados; que tenha feito tudo isso por nada!... Falha minha, pela vergonha! Isto é que não é possível." O final do discurso foi recebido com uma "explosão de *bravos* e aplausos" em diversos pontos do auditório; o orador, ao descer da tribuna, recebeu "felicitações de uma multidão de representantes", entre os quais, inclusive, Cavaignac. A República havia enviado uma expedição a Roma para garantir a liberdade; ela havia restabelecido o Santo Ofício!

Hugo estava definitivamente brigado com a rua de Poitiers. Persistiu, sem que as derrotas o desencorajassem. Alegrou-se com a eleição de Lamartine, por ocasião de uma votação complementar. De volta a Paris em fevereiro de 1850, Lamartine esteve em quase todos os debates lado a lado com Hugo. Foi o caso por ocasião da discussão da Lei Falloux. O projeto de lei, apresentado pelo conde de Falloux, ministro da

Instrução Pública, tratava do ensino escolar. Era considerável o que estava em jogo. Para os republicanos convictos, era pela escola que se educaria o sufrágio universal; pela escola se fariam cidadãos livres. A direita no poder, por sua vez, se interessava pela escola, com a intenção – inclusive entre os mais voltairianos conservadores – de revigorar a participação da Igreja Católica na educação do povo. Thiers, representante da burguesia anticlerical que apoiava uma política de bom entendimento com a Igreja, vista como garantia da ordem social, presidiu a comissão da Assembléia encarregada do projeto. Ele tinha o apoio dos católicos liberais, como Montalembert, favoráveis à liberdade de ensino, e de um certo número de legitimistas, entre os quais o conde Falloux, que emprestava seu nome à lei, a qual trazia inúmeras vantagens ao clero.

A discussão foi aberta em 14 de janeiro. Hugo interveio: "A instrução primária obrigatória é o direito da criança." A frase causou sensação. A liberdade de ensino? Sim, mas "sob a vigilância do Estado", e ele rematou: de um Estado *laico*. Hugo se pronunciou contra o projeto de lei, pois aquela lei era uma arma nas mãos do partido clerical. A direita protestou insistentemente. Isso significa que Hugo era contra o ensino religioso? Não, tal ensino, disse ele, era "mais necessário do que nunca". Mas não se deviam confundir Deus e o partido clerical, que era "uma doença da Igreja". Isto foi decisivo: as exclamações de apoio passaram a vir do lado esquerdo da Assembléia, enquanto a direita o insultava. Victor Hugo não mudaria mais de campo.

A Lei Falloux foi votada em 15 de março de 1850, com 399 votos a favor e 237 contra. Em vez de desanimar, Hugo continuou a combater o Partido da Ordem, majoritário. Nenhuma das grandes leis reacionárias de 1850 foi votada sem antes passar por seu bombardeio. Nas circunscrições urbanas com forte presença popular, as eleições parciais continuaram favorecendo os candidatos de esquerda. Em abril, uma dessas eleições complementares, na capital, trouxe ao Palácio Bourbon, que sediava a Assembléia, Eugène Sue, autor de *Os mistérios de Paris*, convertido ao socialismo. Os bairros mais populares o tinham eleito, e tal eleição mergulhou os conservadores no pavor. Houve queda da Bolsa, alguns deputados sugeriram transferir a Assembléia para as cidades de Bourges ou Tours. A maioria de direita, então, imaginou um ardil para restringir o sufrágio universal. Por proposta de Thiers, o projeto estipulou que para ser eleitor seria preciso, dali em diante, ser domiciliado há pelo menos três anos no mesmo cantão – maneira eficaz de excluir boa parte dos operários, obrigados pelo mercado de trabalho a um certo nomadismo. De fato, uma vez votada, a lei fez o número de eleitores passar de 9.600.000 para 6.800.000. "Diga-lhes que estão malucos", escreveu Alexandre Dumas a Victor Hugo. Em 21 de maio, ele tentou mostrar, sob sistemáticas interrupções vindas das fileiras de direita, que o sufrágio universal era a garantia da ordem social, pois o sufrágio universal "é a vontade nacional legalmente manifesta", a melhor legitimação do Estado diante das tentativas de revoluções e reações. O sufrágio universal significava a paz pública.

Isso não era tudo. Um projeto de lei sobre a imprensa foi apresentado pela direita, coroando a obra da reação. Tratou-se de se restabelecer a caução, impondo-se (como antes da revolução de fevereiro) uma chancela aos jornais. Na prática, as conseqüências da lei reduziram em quatro quintos o montante total das tiragens. Uma exclamação de Lamennais se tornou mais atual do que nunca: "Silêncio aos pobres!" Hugo se encarregou de repercutir a situação na tribuna da Assembléia, em 9 de julho de 1850. As interrupções se sucederam, as réplicas se atropelavam, o presidente se esfalfou tentando restabelecer a calma. Hugo não conseguia mais falar sem provocar *movimentação prolongada* da direita e *longos aplausos* da esquerda. Ele fulminou o partido clerical, o "partido jesuíta", "esse partido do absolutismo, da imobilidade, da imbecilidade, do silêncio, das trevas, da estupidez monacal".

Os discursos de Victor Hugo, no decorrer do ano 1850, podem ser lidos como sucessivos atos de um divórcio: a República dos republicanos seria anticlerical ou não existiria.

O exílio

3

Tornado republicano, Victor Hugo lutava em todas as frentes. Ele se fez ouvir, depois de se eleger deputado pela legenda da direita e desde os dias de junho de 1848, defendendo a liberdade contra o estado de sítio; a assistência pública contra a miséria; a nacionalidade italiana contra o poder absoluto do papa; a escola primária laica contra o partido clerical; a liberdade de imprensa contra os censores; o sufrágio universal contra os conservadores assustados com a eleição de Eugène Sue, o autor de *Os mistérios de Paris*, que se tornara socialista... E estava longe de ter esgotado todas as suas possibilidades.

Em 1851, a grande questão foi a revisão constitucional. O presidente da República, eleito em dezembro de 1848, não podia se reeleger. Luís Napoleão pediu então à Assembléia Legislativa uma revisão que lhe permitisse se reapresentar no final do primeiro mandato de quatro anos. Chocou-se com uma dupla resistência: da direita monarquista e da esquerda republicana, chamada Montanha. Hugo participou sem meios-termos da discussão, em 17 de julho de 1851. Lutou em duas frentes: contra a maioria conservadora da Assembléia e contra as pretensões do príncipe-presidente para se manter no poder. Ou, como ele disse, contra as duas monarquias – a monarquia à antiga, que se declarava monarquia da legitimidade, e a monarquia do Império.

"Após a derrubada de Napoleão, após o exílio de Carlos X, após a queda de Luís Filipe, após a Revolução Francesa, ou seja, resumindo, após a renovação completa, absoluta, prodigiosa dos princípios, crenças, opiniões, situações, influências e fatos, a república é a terra firme, e a monarquia se tornou aventuresca."

Mas mais aventureiro ainda seria o restabelecimento do Império, que estava embutido, apesar do que se dizia, no pedido de revisão constitucional:

"Como? apenas porque, lá se vão 10 séculos, Carlos Magno, após 40 anos de glória, entregou à face do mundo um cetro e uma espada tão desmedidos que ninguém, posteriormente, conseguiu e nem sequer se atreveu a prosseguir – e, no entanto, depois disso houve homens como Filipe Augusto, Francisco I,

Henrique IV, Luís XIV! Como? apenas porque, 1.000 anos depois – pois a humanidade precisa de uma gestação de pelo menos 1.000 anos para reproduzir homens assim –, apenas porque, 1.000 anos depois, um outro gênio apareceu e empunhou aquele gládio e cetro, postando-se de pé diante do continente e construindo a história gigantesca cujo deslumbramento ainda dura; que encadeou a revolução na França e a desencadeou na Europa; que trouxe para o seu nome os sinônimos fulgurantes de Rivoli, Iena, Essling, Friedland, Montmirail! Como? apenas porque, após 10 anos de imensa glória, uma glória quase fabulosa de tanta grandeza, ele, por sua vez, entregou por esgotamento aquele cetro e gládio que haviam realizado tantas coisas colossais, quer o senhor – o senhor! – apanhá-los em seguida como ele, Napoleão, os apanhou de Carlos Magno, e empunhar com suas mãos miúdas o cetro de titãs, a espada de titãs! Para fazer o quê? Como? após Augusto, Augustinho! Como? apenas porque tivemos Napoleão, o Grande, somos obrigados a ter Napoleão, o Pequeno?"

A direita governamental se enfureceu com o orador, apoiado pela esquerda. A sessão foi interrompida por vários minutos. O tumulto foi inexprimível, registrou o *Journal Officiel.* O presidente distribuiu advertências inúmeras. Hugo, com dificuldade, continuou:

"O que pedimos ao senhor presidente responsável pela república, o que esperamos dele e temos o direito de firmemente esperar não é que mantenha o poder como homem de estatura, mas que o deixe como homem de honra."

Apesar das injúrias, advertências e balbúrdia provocadas por suas teses, Victor Hugo, daquela vez, esteve no campo vitorioso. Não da maioria, pois a maioria dos deputados concordou com a revisão, mas da minoria de bloqueio: a revisão exigia, de fato, três quartos dos votos da Assembléia e obteve 446 favoráveis e 278 recusas, o que era muito. Para o príncipe-presidente restou apenas uma solução: o golpe de Estado a se perpetrar no final do mandato.

Na manhã de 2 de dezembro, aniversário da coroação de Napoleão e da vitória de Austerlitz, Hugo soube que, durante a noite, o exército comandado pelo ministro da Guerra Saint-Arnaud havia efetuado a prisão dos principais adversários do príncipe-presidente: Thiers e os generais Lamoricière, Cavaignac, Changarnier e Bedeau. O Palácio Bourbon fora também ocupado, e cartazes haviam sido colados a mando do ministro Morny, meio-irmão do presidente, anunciando a dissolução da Assembléia e o restabelecimento do sufrágio universal... Hugo quis apelar à resistência. Esforçou-se durante três dias, percorreu as ruas para instigar a população, mandou imprimir cartazes, entrou em contato com deputados da esquerda e da direita que não aceitavam o fato consumado, ditou uma proclamação:

"Luís Napoleão é um traidor.
Ele violou a Constituição.
Ele se colocou fora da lei.

Os representantes republicanos lembram ao povo e ao exército o artigo 68 e o artigo 110, assim estabelecidos: 'A Assembléia constituinte confia a defesa da presente Constituição e dos direitos por ela consagrados à guarda e ao patriotismo de todos os franceses.'

Que o povo cumpra seu dever.
Os representantes republicanos marcharão à sua frente.
Às armas! Viva a República!"

Foi preciso aceitar a evidência: o povo de Paris não se rebelaria; ele antes se alegrava com a prisão dos Cavaignac e dos Thiers; não havia esquecido a repressão de junho, as leis reacionárias que vieram em seguida, os golpes contra o sufrágio universal... Os deputados ainda livres, reunidos na prefeitura do 10º *arrondissement*, votaram pela destituição de Luís Napoleão

Bonaparte. Trabalho inútil; foram presos a seu turno. A esquerda pretendia resistir à força. Em 3 de dezembro, barricadas obstruíram ruas de Paris: em uma delas, foi morto o deputado Baudin. Ele se tornaria a figura simbólica da resistência republicana ao golpe de Estado; poucos operários participaram. No dia 4, tiros foram disparados nos bulevares. Foi um massacre: uma centena de vítimas, uma violência da soldadesca que manchou já de início o regime bonapartista que se estabelecia. No interior da França, a resistência se prolongou, sobretudo no sudeste. Hugo precisou se esconder para evitar a prisão. Com um passaporte em nome de Jacques-Firmin Lanvin, conseguiu chegar, no dia 12 de dezembro, a Bruxelas. Juliette Drouet foi encontrá-lo no dia seguinte, trazendo um baú em que juntara os manuscritos do escritor. No dia 14, Victor Hugo começou uma narrativa do golpe de Estado, que se chamou *História de um crime*. Começava o exílio. Na França, Bonaparte ratificou o golpe de Estado com um plebiscito: 1.500.000 abstenções, 646.000 não, mas aprovação de quase 7.500.000 eleitores. Em 6 de janeiro de 1852, os prefeitos das diferentes regiões receberam a ordem de fazer desaparecer dos monumentos públicos a divisa "Liberdade, Igualdade, Fraternidade".

Em Bruxelas, Hugo teve a anuência do editor Hetzel para o livro sobre o 2 de dezembro. O governo belga se preocupou, temendo represálias de Paris. Hugo foi avisado de que não poderia permanecer na Bélgica se publicasse o panfleto que escrevia, a se intitular *Napoleão, o Pequeno*. Pouco importava! Ninguém iria impor silêncio ao escritor. Em 1.º de agosto, com o livro sendo impresso em Londres, ele embarcou em Antuérpia, rumo à Inglaterra. Vários proscritos franceses e liberais belgas o acompanharam até o embarque. Ele agradeceu:

"Proscritos, se estiver morta a República, velemos o cadáver! acendamos nossas almas e deixemos que se consumam como círios ao redor do caixão; permaneçamos debruçados sobre a idéia morta e, tendo sido soldados a defendê-la, sejamos padres para enterrá-la.

Não, a República não morreu!

Cidadãos, eu declaro, ela nunca esteve tão viva. Está em catacumbas, o que é belo. Apenas quem confunde catacumbas com túmulo a acredita morta."

Victor Hugo não permaneceu muito tempo na Inglaterra. Já em 5 de agosto estava na ilha de Jersey,[10] onde foi recebido por um grupo de proscritos franceses que o esperava no porto da capital, Saint-Hélier. No mesmo dia, *Napoleão, o Pequeno* estava sendo lança-

---

[10] Ilha anglo-normanda em que se fala francês e da qual inclusive se vê a França. (N.T.)

do em Bruxelas por Hetzel. Na Bélgica, o ministro da Justiça, Faider, fez ser votada uma lei com seu nome, visando a proteger os soberanos estrangeiros, quaisquer que fossem, de ofensas da imprensa e da edição. Para continuar sua obra, Hugo precisou permanecer em Jersey onde, com Adèle – mas Juliette o havia seguido discretamente –, ele se instalou em Marine-Terrace.

Napoleão, o Pequeno viajava da Bélgica para a França pela via do contrabando. Pode-se ler na correspondência de Alexandre Dumas, com data de 17 de novembro de 1852: "Fazemos entrar na França milhares de *Napoleão, o Pequeno*: um amigo acaba de trazer duas dúzias dentro de um busto do próprio presidente..." Um presidente sarcástico, que teria dito a seus cortesãos, ao receber o livro: "Vejam, cavalheiros, aqui está *Napoleão, o Pequeno*, por Victor Hugo, o Grande!" Será que leu até o fim? Nas últimas páginas, Victor Hugo havia escrito:

"Os bulevares de Paris, as ruas de Paris, as praças públicas de Paris, os campos e as cidades de 20 regiões da França ficaram cobertos, em 2 de dezembro, de cidadãos mortos ou agonizantes. Pais e maridos degolados foram deixados diante de suas portas, crianças passadas a fio de sabre, mulheres desgrenhadas no sangue e estripadas pela metralha. Dentro de suas casas, pessoas suplicantes foram massacradas, algumas fuziladas aos montes em subsolos, outras despachadas debaixo de suas camas a golpes de baioneta, outros ainda derrubados por alguma bala no chão do próprio lar. Todo tipo de mão ensangüentada ainda se imprime atualmente, ora em uma parede, ora em uma porta, numa alcova. Após a vitória de Luís Bonaparte, Paris ficou por três dias atolada em uma lama avermelhada. [...]

Pois bem! há algo mais comovente ainda do que a criança morta, o velho fuzilado, mais horrível do que o trapo manchado por restos de cérebro humano, mais assustador do que o chão tingido de vermelho pela carnificina, mais irreparável do que a quantidade de homens e mulheres, pais e mães degolados e assassinados, é a honra de um grande povo se esvanecendo. [...]

O que é ainda mais triste do que os crânios rachados pelo sabre, os peitos afundados pela bola do canhão, mais desastroso do que as casas violadas, a morte enchendo as ruas, o sangue derramado em córregos, é pensar que agora se diz, entre todos os povos da Terra: Vocês estão vendo, aquela nação das nações, aquele povo do 14 de julho, do 10 de agosto, aquele povo de 1830, de 1848, aquela raça de gigantes que esmagou bastilhas, aquela raça de homens cuja face iluminava, aquela pátria do gênero humano que produziu heróis e pensadores – esse outro tipo de herói –, que criou toda revolução e gerou toda geração, aquela França cujo nome significou liberdade, aquela espécie de alma do mundo que resplandecia na Europa, aquela luz, pois bem!, alguém pisou-lhe em cima e a apagou. Não há mais França. Acabou. Vejam: trevas em todo lugar. O mundo está a tatear."

No ano seguinte, em novembro de 1853, ainda em Jersey, Victor Hugo enviou ao prelo *Os castigos*. Para ele, era o "contrapeso natural e necessário para *Napoleão, o Pequeno*". Para escapar da Lei Faider, Hugo e Hetzel preferiram fazer duas edições em separado, ambas impressas em Bruxelas, mas uma, completa, apontava em seus créditos Genebra e Nova York. Tornou-se objeto de um grande comércio de contrabando. A outra, amplamente expurgada, era declarada em Bruxelas, e feita apenas para servir de moeda de troca.

O longo período do exílio se revelou fecundo. Hugo enfileirou versos, aperfeiçoou seus escritos. Mas o combate político nunca cessou para ele. Em abril de 1855, publicou *Carta a Luís Bonaparte*, por ocasião da vinda de Napoleão III[11] a Londres. Franceses e ingleses

[11] Por plebiscito de novembro de 1852, o "príncipe-presidente" foi proclamado imperador, com o título de Napoleão III (Napoleão II não chegou a reinar e apenas recebeu o título, em 1815). (N.T.)

pretendiam festejar a vitória conjunta na guerra da Criméia. Em Dover, o imperador pôde ler em cartazes nas paredes a missiva de Victor Hugo:

"O que vem fazer aqui? a quem persegue? a quem pretende insultar? A Inglaterra, através do seu povo, ou a França, através dos seus proscritos?"

E a filípica terminava com estas palavras:

"Algumas vezes, durante a noite, sem conseguir dormir, pois o sono da pátria é a insônia do proscrito, eu olho no horizonte a França escura, olho o eterno firmamento, face da justiça eterna, indago as sombras quanto ao senhor, pergunto às trevas de Deus o que acham dos seus e chego a lamentá-lo, senhor, dado o formidável silêncio do infinito."

Napoleão III, sua polícia, sua diplomacia resolveram agir contra o agitador, aquele rancoroso, que o impedia de reinar em majestade. Foi a polícia parisiense que se encarregou de arrancar os cartazes em que se lia a carta do proscrito a Bonaparte, nas paredes de Londres. O governo inglês, por seu turno, esperava uma oportunidade. Uma carta à rainha tinha sido publicada em Londres, com assinatura de Félix Pyat, e três proscritos franceses, julgados responsáveis, foram expulsos de Jersey. Hugo assumiu publicamente a defesa dos condenados e redigiu uma petição que cerca de 30 exilados assinaram. No sábado 27 de outubro de 1855, Hugo foi avisado de que, por decisão da Coroa, ele, a esposa e os dois filhos deviam deixar Jersey até 2 de novembro próximo. Hugo obedeceu, mudando-se para a ilha vizinha de Guernesey, enquanto manifestações se fizeram em diversas cidades da Grã-Bretanha contra a decisão do governo. Ele agradeceu:

"Demonstrações como as dos senhores, como as que acabaram de acontecer em Londres e as que se preparam em Glasgow consagram, estreitam e cimentam não a aliança vã, falsa, funesta, a aliança cheia de cinza entre o atual gabinete inglês e o império bonapartista, mas a aliança verdadeira, aliança necessária, aliança eterna entre o povo livre da Inglaterra e o povo livre da França."

Em 1862, Hugo se encontrava há 10 anos no exílio, em seu "rochedo" de Guernesey, tendo recusado a anistia imperial em 1859: "Ninguém pode esperar que eu conceda, no que me diz respeito, um instante de atenção à coisa chamada anistia [...]. Quando voltar a liberdade, voltarei." Dois terços dos proscritos vivendo em Guernesey voltaram e Hugo não os criticou, mas "se um só houver..." seria ele esse um. E, no entanto, não era nada alegre a vida naquela ilhota anglo-normanda de 63 km^2 onde ele vivia com a família, em sua casa de Hauteville, em Saint Peter Port.

Ele, pelo menos, trabalhava, alinhava versos, escrevia um romance. Juliette havia seguido seu grande homem, em permanente estado de admiração, talvez até contente de vê-lo escapar – ele que não a tomava mais em seus braços – das inúmeras tentações parisienses. Mas, na ausência de atrizes e mulheres letradas, ao Hugo conquistador não faltavam presas: simples prostitutas e moças pobres que ele não deixava de retribuir. Também visitantes menos venais do continente, às vezes algumas vizinhas, um completo viveiro do qual ele fazia a crônica maníaca e criptografada, em um memorândum especial[12]. Era um frenesi que nunca, porém, o desviava da escrita. Era a sua vida. Mas não era o caso para os seus; afora a dócil Juliette, que vivia em uma pequena casa, não distante de Hauteville House. Adèle se entediava, François-Victor ardia de vontade de voltar a Paris, Charles mordia o freio de impaciência, Adèle-filha recusava todos os partidos que lhe eram apresentados e se encantou com um oficial de marinha, o único com quem quis casar, Pinson (Hugo daria a aprovação paterna em dezembro de 1861). A tensão comum, reinante na casa, só se acalmava com a fuga. Iam a Jersey, a Londres, à ilha de Wight, à Bélgica.

---

[12] H. Guillemin, *Hugo et la sexualité*, Gallimard, 1982.

Hugo encontrou, depois de muito hesitar, o título para a nova coletânea de versos: *A legenda dos séculos*, cujos dois primeiros volumes foram lançados em setembro de 1859 por Michel Lévy e Hetzel. No entanto, sua tebaida anglo-normanda não o levava a retomar o romance começado em 1845, interrompido em fevereiro de 1848 e para o qual ele já encontrara o título definitivo: *Os miseráveis*. Ele o retirou do baú de manuscritos, que viera com ele, em 25 de abril de 1860, e mergulhou nos papéis. Em 30 de junho de 1861, pôde exultar: "Terminei *Os miseráveis*." Maneira de dizer, pois precisava ainda reler tudo, corrigir, ajustar, polir. Era um mármore ainda bruto. Ao mesmo tempo, precisava conseguir o editor que lhe comprasse os direitos do livro por 300.000 francos; seria este o preço. Enorme! Humanista, é verdade, mas duro nos negócios! Ao ser informado, Hetzel desistiu. Foi o filho Charles quem, finalmente, negociou os direitos com Lacroix e Verbœckhoven. Seriam então 300.000 francos, incluídos os direitos de tradução, com um prazo de exploração do título de 12 anos. Em 2 de dezembro de 1861, Lacroix veio a Guernesey e se foi, levando a primeira parte de *Os miseráveis*, intitulada "Fantine".

Em 25 de fevereiro de 1862, Hugo enviou um curto prefácio a Lacroix: "Enquanto existir, dadas as leis e os costumes, uma maldição social criando artificialmente, em plena civilização, infernos e complicando com uma fatalidade humana o destino, que é divino; enquanto os três problemas do século – a degradação do homem pela proletarização, a queda da mulher pela fome, a atrofia da criança pela noite – não se resolverem; enquanto for possível em certas regiões a asfixia social; em outros termos e sob um ponto de vista ainda mais amplo, enquanto houver na Terra ignorância e miséria, livros da natureza deste aqui podem não ser inúteis." Não chegava a ser o Hugo mais refinado e muitos leitores indagaram, por exemplo, o que era aquela "atrofia da criança pela noite": referia-se ao obscurantismo católico, ao catecismo ou, não seria contraditório, à ausência de ensino "gratuito e obrigatório" que ele pleiteava mais adiante? Compreende-se também por que adeptos da arte pela arte, como Théophile Gautier e Flaubert, detestaram o livro predicante. Em 30 de março de 1862, a primeira parte, "Fantine", estava impressa. Os dois primeiros volumes postos à venda foram disputados, com sucesso imediato. Em 15 de maio, as partes seguintes, "Cosette" e "Marius", despertaram a mesma excitação por parte dos leitores. Em 19 de maio, Hugo expediu o final do manuscrito, e em 30 de junho as quinta e sexta partes deixaram as gráficas, em Bruxelas e Paris. Os 10 volumes constituíram um dos maiores sucessos livreiros do século XIX. A crítica, no entanto, foi freqüentemente mordaz.

Cuvillier-Fleury, ex-preceptor do duque d'Aumale,[13] fulminou o exilado em *Le Journal des Débats* de 29 de abril: "Esse livro de acusação da sociedade se intitularia mais acertadamente *A epopéia da gentalha* e a sociedade não foi feita para a gentalha, mas contra ela..." Barbey d'Aurevilly mostrou-se ainda mais feroz em seus artigos de *Le Pays*. Atacou primeiramente as idéias de Hugo, que acabava de escrever "o livro mais perigoso do seu tempo". Apiedando os corações generosos, o autor minava todas as bases da sociedade. "A intenção do livro é a de explodir todas as instituições sociais, uma depois da outra [...] com lágrimas e piedade." Dando razão ao criminoso contra o policial, tornando simpático o ladrão contra o juiz, defendendo uma "moral evangélico-velhaca", tudo isso demonstrava a irresponsabilidade do romancista.

Barbey atacou também a arte do escritor. A falsidade dos personagens e a técnica do romance: por que as contínuas interrupções da narrativa, em prol de dissertações e comentários do autor? Aqui e ali, duas

[13] Filho do rei Luís Filipe e membro da Academia Francesa. (N.T.)

páginas realmente belas, mas não muito, no final das contas: "*Os miseráveis* não são um belo livro e, além disso, são uma má ação."

Na esperança de ser compreendido, Hugo procurou se explicar em carta a Lamartine, em 24 de junho de 1862: "Se o radical é o ideal, sim, sou radical. Sim, sob todos os pontos de vista, eu compreendo, quero, clamo o melhor; o melhor, apesar do que diz o provérbio,[14] não é inimigo do bem, pois isto seria o mesmo que dizer: o melhor é amigo do mal. Sim, uma sociedade que admite a miséria, sim, uma religião que admite o inferno, sim, uma humanidade que admite a guerra me parecem sociedade, religião e humanidade inferiores, e é na direção da sociedade do alto, da humanidade do alto e da religião do alto que me inclino: sociedade sem rei, humanidade sem fronteiras, religião sem livro. Sim, combato o padre que vende a mentira e o juiz que distribui a injustiça. Universalizar a propriedade (o que é o contrário de aboli-la), suprimindo o parasitismo, ou seja, chegar a essa meta: todo homem proprietário e nenhum senhor, esta é, para mim, a verdadeira economia social e política. A meta está longe. Será um motivo para não

[14] "O melhor é inimigo do bom", pois estraga-se às vezes uma boa coisa, querendo torná-la melhor. (N.T.)

se encaminhar a ela? Abrevio e resumo. Sim, enquanto for permitido ao homem querer, quero destruir a fatalidade humana; condeno a escravidão, enxoto a miséria, ensino à ignorância, trato a doença, clareio a noite, odeio o ódio. Eis o que sou, e por isso fiz *Os miseráveis*. Em meu pensamento, *Os miseráveis* nada mais são que um livro tendo a fraternidade como base e o progresso como cimo."

Lamartine, vindo das decepções com a Segunda República, assumira posições conservadoras. No artigo crítico sobre *Os miseráveis*, em *Curso familiar de literatura*, ele escreveu, concluindo: "A mais nefasta e terrível paixão que se possa dar aos homens é a paixão pelo impossível." *Os miseráveis* seriam um romance utópico?

Romanesco sim, dadas as coincidências, encontros e mal-entendidos em profusão na narrativa. Mesmo que simpático aos revolucionários (a barricada), o romance aconselha, todavia, a *moderação*, bem mais do que, até hoje, dizem seus críticos. A temática de *Os miseráveis* é muito rica. Pessoalmente insisto sobretudo em um aspecto: a tensão entre *caridade* e *justiça*, que percorre todo o romance.

Victor Hugo acreditava profundamente na caridade: Jean Valjean a encarna. O ex-detento regenerado não pára de cumprir atos de caridade sob diversos traços – sobretudo como senhor Madeleine, homem de empresa em Montreuil, de quem seus operários gostam, sendo também apreciado por seus concidadãos, precisamente por sua caridade ativa. No entanto, ex-forçado procurado pela polícia, soube que um outro indivíduo fora preso, confundido com Jean Valjean. Drama de consciência para o senhor Madeleine, aliás, Jean Valjean. Não fazia o bem em Montreuil? Ser descoberto e preso não seria privar os infelizes de suas boas ações? Não se poderia abandonar um indivíduo a uma sorte injusta, sendo para salvar centenas de outros indivíduos? Não. "Façamos nosso dever, salvemos o homem!"

A justiça venceu a caridade. Não se pode fazer o bem com meios corrompidos. Mas, no romance da redenção, a Justiça era um auxiliar da Santidade:

"Doloroso destino! Ele só entraria na santidade aos olhos de Deus voltando à infâmia aos olhos dos homens!"

Revelar-se infame para ser santo: nova antítese querida de Hugo, mas antítese sublime!

O *heroísmo moral* de Jean Valjean se denunciando fascinou o público do processo Champmathieu:[15]

"Toda aquela multidão, como por uma espécie de revelação elétrica, compreendeu de imediato e de uma

[15] Champmathieu é o miserável que está sendo acusado e cujo processo é interrompido pelo senhor Madeleine/Jean Valjean. (N.T.)

só vez a simples e magnífica história do homem que se entregava para que um outro não fosse condenado em seu lugar. Os detalhes, as hesitações, as pequenas resistências possíveis se perderam naquele vasto acontecimento luminoso."

Os miseráveis não são romance que defenda teses, nem romance maniqueísta ou socialista. As contradições da vida e dos seres, o peso da dor humana nele são maiores do que qualquer determinismo histórico.

A ideologia do Progresso não foi expurgada, mas, como escreveu Mona Ozouf em *Les aveux du roman*: "O progresso não é contínuo, nem linear." E acrescentou: "*Os miseráveis* nunca deixam reluzir no amanhã a perspectiva da terra prometida."

A apologia da liberdade individual, do livre-arbítrio se mantém como a mensagem mais forte do livro. Nós somos livres, isto é, responsáveis por nossos atos: "Não somos definidos pela genealogia e nem pela classe social... Há sempre uma margem de liberdade..." (Mona Ozouf).

Os miseráveis, é claro, podem gerar diversas leituras. O certo é que, apesar das críticas contrárias, o livro teve imenso sucesso. Pois Hugo soube tocar o coração dos leitores com personagens – talvez simplificados – tornados até os dias de hoje imortais.

O ano terrível

4

Após o imenso sucesso de *Os miseráveis* e uma viagem de verão pela região das Ardennes belgas e vale do Reno, Victor voltou ao trabalho em Guernesey. *William Shakespeare*, *Os trabalhadores do mar*, *O homem que ri* foram algumas das obras maiores que vieram a seguir. O exilado embandeirou-se em uma oposição irredutível a Napoleão III. Um herói, uma grande voz que não se pode sufocar, um símbolo.

Sua personalidade, no entanto, tinha lados obscuros. Houve, primeiro, a ingênua mania das "mesas moventes", segundo a expressão da época. Ele, que se colocava como o profeta do Progresso, o homem das Luzes, entregar-se a tal espiritismo! Em seguida, o frenesi sexual, que o levou a contabilizar em um carnê secreto toda uma atividade nas dependências domésticas, da qual a esposa Adèle e a amante Juliette não tinham conhecimento, salvo uma ou outra escorregadela. A senhora Hugo passou a viver em Bruxelas a partir de 1865, com apenas algumas incursões em Guernesey, e morreu de um ataque fulminante no verão de 1868.

Nem as manias, nem a incontinência e nem as dores da vida pessoal, porém, desarmaram o republicano. Ele lançou mensagens, pronunciou discursos, assinou manifestos, interveio a favor de condenados à morte, aplaudiu Portugal, que abolira a pena capital, apoiou os cretenses contra os turcos, os irlandeses diante da Inglaterra, e bombardeou a política mexicana de Napoleão III. Em 1867, após a derrota de Garibaldi em Mentana, onde os fuzis *chassepot* franceses defenderam a causa do papa contra os garibaldinos, Hugo enviou ao italiano um longo poema de desforra, logo traduzido em 17 línguas, o que acarretou – cada um se vinga como pode – a proibição da retomada de *Ruy Blas* no teatro Odéon, em Paris.

Hugo, o intratável. E assim continuou nos anos seguintes. Em 1869, com a liberalização do regime imperial, novos jornais foram criados e a oposição se animou. François e Charles Hugo, os dois filhos do poeta, lançaram com Rochefort[16] e alguns mais

[16] Conhecido e atuante jornalista, já havia criado o semanário *La Lanterne*. Foi exilado por participação na Comuna, em 1871, e fundou ainda outro jornal, *L'Intransigeant*. (N.T.)

Le Rappel, e convidaram Victor Hugo. Sua resposta foi a de que não podia cooperar com jornal algum enquanto a França não estivesse livre. Mas incentivou os jornalistas fundadores:

"O combate pelo progresso exige a concentração de forças. Mirar bem e acertar o alvo. Projétil algum deve se perder. Nada de bala perdida na batalha dos princípios. O inimigo tem direito a todos os nossos golpes; um só que falhe e estamos sendo injustos. Ele merece ser metralhado incessante e exclusivamente. Para nós, que temos apenas uma sede: a justiça, a razão e a verdade, o inimigo se chama Trevas."

Em setembro de 1869, Hugo participou do Congresso Internacional da Paz, em Lausanne. Calorosamente recebido pelos congressistas, abriu o Congresso com uma profissão de fé européia:

"Queremos que o povo viva, lavre, compre, venda, trabalhe, fale, ame e pense livremente; e tenha escolas construindo cidadãos; e que não haja mais príncipes construindo metralhadoras. Queremos a grande república continental, queremos os Estados Unidos da Europa, e termino com esta máxima: a Liberdade é a meta, a paz é o resultado."

No discurso de encerramento, Hugo voltou ao tema do crime de Luís Bonaparte e fez apelo à "revolução futura":

"O que é o inimigo?

O inimigo é mais e menos do que um homem. É um conjunto de fatos horríveis que pesa sobre o mundo e o devora. É um monstro com 1.000 garras, apesar de ter uma só cabeça. O inimigo é a encarnação sinistra do velho crime militar e monárquico que nos amordaça e espolia, que nos tapa a boca e enfia a mão em nossos bolsos, que tem os milhões e tem os orçamentos, os juízes, os padres, os lacaios, os palácios, as listas civis e todos os exércitos – e não tem povo algum. O inimigo é o que reina, governa e agoniza neste momento."

A revolução futura anunciada ocorreu em 4 de setembro de 1870, 48 horas após a derrota de Napoleão III e seu exército em Sedan, diante das tropas de Bismarck. Uma guerra desejada pelos dois lados, pelo clã autoritário do imperador francês, para reforçar o poder enfraquecido, e pelo chanceler prussiano, decidido a concluir a unificação da Alemanha. Já em 5 de setembro, Hugo tomou o trem de Bruxelas para Paris. Como seu retrato há muito tempo era difundido, o poeta foi reconhecido nas estações e ovacionado. Vendo, pela janela do vagão, um acampamento de soldados franceses, ele, por sua vez, se pôs a gritar: "Viva o exército!", e não conseguiu esconder as lágrimas. Em Paris, chegando à gare du Nord por volta das nove e meia da noite, uma multidão o aguardava, e ele precisou subir ao terraço de um restaurante, abrindo-se para a praça, para responder aos vivas. "Vocês em uma hora me recompensaram os 20 anos de exílio!" As pessoas cantaram *A Marselhesa* e *O canto do adeus* e escoltaram Hugo até a rua de Laval, onde ele e a família se hospedariam. Soldados no caminho apresentaram armas. No dia seguinte, os visitantes se sucederam invadindo a casa, mulheres do mercado central de Paris trouxeram flores, cartas começaram a chegar às centenas. Em 16 de setembro, Hugo anotou: "Há exatamente um ano, eu abria o Congresso da Paz em Lausanne. Esta manhã, escrevi *Apelo aos franceses* pela guerra sem piedade contra a invasão."

Hugo havia lançado antes um apelo *Aos alemães*, pedindo o fim da guerra, em nome dos Estados Unidos da Europa. Mas, que soubessem, se quisessem atacar e destruir Paris, que os parisienses se defenderiam "até o derradeiro extremo". Em seguida a esse texto, publicado em francês e em alemão, jornais de Berlim tinham sugerido que se "enforcasse o poeta no alto de um mastro". Pouco antes do sítio de Paris, começado em 19 de setembro, Hugo publicou o apelo *Aos franceses*:

"A França deve a todos os povos e a todos os homens a salvação de Paris, não por Paris propriamente, mas pelo mundo.

Esse dever, a França há de cumprir.

Que todas as comunas se ergam! que todos os campos se incendeiem! que todas as florestas se encham de vozes trovejantes! Que soem os sinos a rebate! Soem os sinos! Que saia um soldado de cada casa; que o bairro se torne regimento; que a cidade se torne exército. Os prussianos são 800.000, vocês são 40.000.000 de homens. Ponham-se de pé e apenas soprem! Lille, Nantes, Tours, Bourges, Orléans, Dijon, Toulouse, Bayonne armem seus cinturões. Em marcha! Lyon, pegue seu fuzil. Bordeaux, pegue sua carabina. Rouen, branda sua espada, e você, Marselha, cante sua canção e venha, terrível. Cidades, cidades, cidades ergam florestas de lanças, preparem as baionetas, reboquem os canhões e você, vilarejo, pegue sua foice...

Façamos a guerra dia e noite, guerra das montanhas, guerra das planícies. De pé! De pé! Sem trégua, sem repouso, sem sono. O despotismo ataca a liberdade, a Alemanha arremete contra a França... Franco-atiradores, sigam, atravessem matagais e torrentes, aproveitem a sombra e o crepúsculo, serpenteiem por barrancos, penetrem, se arrastem, façam mira, atirem, exterminem a invasão. Defendam a França com heroísmo, com desespero, com ternura. Sejam terríveis, ó patriotas! Deixem de sê-lo apenas quando passarem diante de uma choupana, para beijar a criança que dorme."

O bloqueio da capital teve início. Nos dias e semanas seguintes, Hugo recebeu muitas pessoas, publicou apelos em jornais, correspondeu-se com Juliette Drouet graças a um balão de sinalização que chamaram *Barbès*,[17] comprou um quepe e começou a restringir a alimentação: as reservas de açúcar diminuíam perigosamente, a carne era racionada, faltaram manteiga e queijo. Victor Hugo se tornou um personagem sagrado: foi dado seu nome a um balão de observação, falou-se em desbatizar o bulevar Haussmann para colocar seu nome, e suplicavam para que não se expusesse. A edição francesa de *Os castigos*, com tiragem de 3.000 exemplares, esgotou-se em dois dias, e várias outras tiragens foram feitas. Em 22 de outubro, Hugo enviou 500 francos recebidos em direitos autorais ao jornal *Le Siècle* "para canhões de que Paris necessita". Um canhão fabricado graças a uma subscrição se chamou *O castigo* e um outro, *Victor Hugo*. Ele autorizou a quem quisesse ler em público ou representar obras suas, sem direitos autorais, se fosse para favorecer "canhões, feridos, ambulâncias, ateliês, órfãos, vítimas da guerra, pobres". Hugo reencontrou Edgar Quinet, outro proscrito irreconciliável,

---

[17] Provavelmente "homenageando" Armand Barbès, político de extrema esquerda morto naquele ano e exilado desde 1854. (N.T.)

e com Ledru-Rollin pensou em fundar uma associação. Em todo esse período, Hugo se manteve ecumênico, em união sagrada e confiando no Governo de Defesa Nacional. Em 31 de outubro, porém, a Paris dos *faubourgs*, dos bairros populares, organizou uma poderosa manifestação contra esse governo, julgado passivo demais.

As agitações invadiram o Hôtel de Ville, o prédio da Prefeitura, pretendendo formar um novo governo, mais decidido à luta. Hugo foi chamado a participar. "À meia-noite", ele escreveu, "membros da Guarda Nacional vieram me buscar para me conduzir à Prefeitura e *presidir*, disseram eles, *o novo governo*. Respondi não concordar com aquela tentativa e não os acompanhei. Às três horas da manhã, Flourens e Blanqui deixaram o Hôtel de Ville e entrou [o general] Trochu".[18]

A primeira tentativa de se criar uma Comuna em Paris, um governo revolucionário, havia fracassado. Não era o que Hugo queria, e ele defendeu a união nacional. Foi convidado a participar do governo estabelecido; também não aceitou. Seu lugar era outro.

---

[18] Gustave Flourens já participara da rebelião de Creta contra os turcos e logo morreria no episódio da Comuna. Louis Auguste Blanqui foi político e teórico socialista. O general Trochu era o governador militar de Paris, não se opôs à derrubada de Napoleão III e se tornou chefe do Governo de Defesa Nacional. (N.T.)

O bloqueio prosseguiu; as condições de vida se agravaram para a população. O racionamento se fazia sobretudo pelos preços. Vindo o inverno, os cavalos, mas em seguida cães e gatos e, afinal, ratos ("Um rato custa oito tostões", anotou Hugo, em 23 de novembro) foram apresentados nos balcões dos açougues. Edmond de Goncourt, que em 12 de novembro, em seu *Diário*, disse que todo o heroísmo dos parisienses "consistiu em colocar manteiga de má qualidade nos legumes e comer rosbife de cavalo, no lugar do boi", dois meses depois escreveu, em 13 de janeiro: "Deve-se realmente reconhecer o mérito dessa população parisiense e admirá-la. Diante da insolente exposição das mercearias, que inabilmente lembram à população *morta de fome* que os ricos, com dinheiro, podem sempre, sempre, conseguir aves, caça, guloseimas de mesa, essa população nem por isso quebra as vitrines, não agride os comerciantes e nem rouba a mercadoria – isso é espantoso." E Goncourt lamentou a incompetência do governo, "a ininteligência militar", com Trochu fazendo "a mais vergonhosa defesa dos tempos históricos".

Apesar da vontade de resistir dos parisienses, o governo enviou Jules Favre em embaixada a Bismarck, para a redação de um armistício, que foi concluída em 28 de janeiro de 1871. Bismarck exigiu a eleição de uma Assembléia Nacional, para assinar a paz com um governo legítimo.

As eleições de 8 de fevereiro tinham duas coisas em jogo: a primeira, deviam os eleitores saber, implicava esclarecer se o armistício levaria à paz entre França e Alemanha; a segunda, implícita, era a questão do regime: república ou nova restauração monárquica? Pois os republicanos, quase todos, exceto Gambetta, eram vistos como favoráveis à guerra. Ao votar pela paz, o país deu à Assembléia – que se reuniria em Bordeaux – uma maioria monarquista; menos em Paris onde, afora Thiers e o vice-almirante Saisset, os eleitos eram todos republicanos. Victor Hugo foi o segundo mais votado, pouco atrás de Louis Blanc e na frente de Gambetta, Garibaldi, Quinet, Rochefort... A República, proclamada em 4 de setembro de 1870, se via com uma Assembléia Nacional de maioria anti-republicana.

Enquanto ela se reunia em Bordeaux, em 12 de fevereiro, Thiers formou seu ministério e voltou a Paris para negociar as preliminares da paz com a Alemanha. As condições de Bismarck foram implacáveis: um tributo de 5 bilhões de francos-ouro, a anexação das regiões da Alsácia e da Moselle – Thiers conseguiu ainda salvar a cidade de Belfort, mas, em compensação, permitiu a entrada solene dos alemães em

Paris, com banda de música à frente. As preliminares foram assinadas em Versalhes, em 26 de fevereiro. Dois dias depois, a Assembléia de Bordeaux as debateu, após a leitura do tratado, em sepucral silêncio. Os deputados das jurisdições anexadas pronunciaram palavras comoventes. A direita se calou, prudente e tendo a certeza da votação final; apenas a esquerda falou. Victor Hugo, em nome de Paris, lembrou os sofrimentos do período de sítio, o ardor patriótico, o estoicismo e deu a entender que Paris não aceitaria a desonra, o desmembramento da pátria. Ele profetizou: "Se a obra violenta, à qual nesse momento se dá o nome de tratado, se cumprir, se tal paz inexorável for concluída, será o fim do repouso da Europa; a imensa insônia do mundo vai começar. Haverá na Europa, daí em diante, duas nações temíveis; uma porque venceu e a outra porque foi vencida."

Mas Hugo já alimentava o sentimento de desforra: "Ah! uma hora vai soar – podemos senti-la se aproximar – a prodigiosa revanche. Ouvimos desde já nosso triunfante futuro marchar a largas passadas na história. Sim, amanhã mesmo isso há de começar; amanhã mesmo a França terá uma só idéia: recolher-se, repousar no devaneio terrível do desespero; recuperar as forças; educar seus filhos, alimentar com santificada raiva seus meninos que vão se tornar adultos;

fundir canhões e formar cidadãos, criar um exército que seja um povo; trazer a ciência em socorro da guerra; estudar o método prussiano como Roma estudou o método púnico; fortificar-se, afirmar-se, regenerar-se, voltar a ser a grande França, a França de 1792, a França do pensamento e a França da espada." A França devia tomar de volta a Lorraine, retomar a Alsácia, a França iria até Koblenz, se apossando da margem esquerda do Reno. Por quê? Estaria, por sua vez, se tornando imperialista? Não, "devolveremos tudo, sob uma condição: a de que formemos um só povo, uma só família, uma só república". Não haverá, então, mais fronteiras, o Reno será de todos: "Sejamos a mesma família, sejamos os Estados Unidos da Europa, sejamos a federação continental, sejamos a liberdade européia, sejamos a paz universal."

Hugo enxergava longe. Naquele momento, porém, a Assembléia seguiu Thiers e aceitou as preliminares do tratado de paz por 546 votos contra 107. Os parisienses se sentiram traídos. Thiers e nem qualquer dos seus ministros tiveram uma palavra de gratidão à cidade, após os quatro meses de sítio. Thiers concedeu aos vencedores um benefício simbólico: uma entrada marcial em Paris, cujas portas eles não haviam podido derrubar. Estava prevista para 1.º de março. O que faria a Guarda Nacional, que se mantinha armada e dispunha de canhões? O enfrentamento sangrento e temido não ocorreu, os soldados alemães desfilaram por Paris deserta, fechada, hostil, mas muda, com as estátuas da praça de la Concorde cobertas com véu negro e bandeiras de luto penduradas nas janelas.

A Assembléia de Bordeaux temia Paris, "capital da revolta organizada", como chamou um orador de direita. Não queria mais a cidade vermelha como capital: seria substituída por Bourges, Fontainebleau, Versalhes? Isso foi discutido em comissão: Victor Hugo tomou a defesa de Paris. Relembrou o que havia sido o bloqueio, o que os parisienses haviam sofrido pela pátria, o que representara a coragem daquela "cidade esplêndida do sacrifício". Não fechem, não isolem Paris! "Voltem para Paris e voltem de imediato. Paris lhes será grata e se acalmará. E quando Paris se acalma, tudo se acalma." Paris era a eterna representante da França: tirar-lhe o *status* de capital seria não só uma punição injusta; seria um grave erro político. Em 10 de março, porém, a Assembléia decidiu que passaria a se reunir em Versalhes. Hugo não estava mais presente para retomar em sessão plenária a defesa de Paris. Ele se demitira no dia 8, após vir em defesa de Garibaldi, no momento em que a Assembléia discutiu a invalidação do deputado estrangeiro que tinha lutado pela França. Hugo, como defensor do italiano, foi vaiado. Émile Zola testemunhou a cena e a descreveu no jornal *La Cloche*: "Diante de tal intolerância, o poeta levemente empalideceu. E foi nesse momento que, em um acesso de brusca cólera, ele dominou o tumulto e lançou à Assembléia estas palavras: 'Vocês se recusaram a ouvir Garibaldi, constato que se recusam também a me ouvir, eu apresento minha demissão.'"

A tensão entre Paris, as cidades grandes e a Assembléia de Bordeaux crescia cada vez mais. Esta última, intolerante, inexperiente e revanchista, impôs aos habitantes da capital uma série de medidas exasperantes, enquanto o destino da República era mantido em suspenso.

Em 13 de março, preparando-se para deixar Bordeaux, Hugo soube da morte brutal de seu filho Charles, por uma apoplexia fulminante. Ele tinha consigo a nora, Alice, arrasada de dor, e os dois netinhos. Em 17 de março, Hugo e sua família deixaram Bordeaux no trem que transportava também o caixão chumbado no qual repousava Charles. No dia seguinte, 18 de março, Hugo e os seus, com muitos acompanhantes, seguiram o carro fúnebre da estação de Orléans até o cemitério Père-Lachaise. Chegando à praça de la Bastille, soldados da Guarda Nacional espontaneamente se postaram em homenagem, formando um corredor para o cortejo. "Em todo o percurso até o cemitério", anotou Hugo, "batalhões da Guarda Nacional em posição de sentido apresentaram armas e fizeram a saudação da bandeira. Tambores bateram, clarins soaram. O povo esperou minha passagem se mantendo em silêncio e depois gritou: 'Viva a República!'" No cemitério, um homem alto e de aparência enérgica estendeu a mão forte para o poeta: "Eu sou Courbet[19]", apresentou-se ele.

Naquele momento, Victor Hugo não tinha clara consciência do que se passava em Paris. Por um tipo de coincidência não raro na história, ele enterrava o filho no mesmo dia em que, desde o amanhecer, Paris, em estado de insurreição, enfrentava a Assembléia, da qual ele acabava de se demitir. Antes do estabelecimento da Assembléia Nacional em Versalhes, Thiers quis garantir o controle da cidade de Paris, que sabia perigosamente receptiva às forças revolucionárias, estimuladas pelas decepções do período de sítio e pelas decisões tomadas em Bordeaux. Com essa finalidade, o chefe do Executivo achou necessário tomar de volta da Guarda Nacional os canhões de que ela

---

19 O pintor Gustave Courbet, que viria a participar ativamente na Comuna (foi acusado de ter instigado a derrubada do monumento da Coluna de Vendôme e condenado a reerguê-la às suas custas). (N.T.)

dispunha, em boa parte fabricados durante o cerco da cidade, graças a subscrições, e cuja maior parte se encontrava alinhada na colina de Montmartre. A operação, confiada ao general Vinoy, começou na noite de 17-18 de março, mas, após um certo número de erros grosseiros, atrasou-se e permitiu que fosse dado o alarme. A mobilização rápida dos batalhões da Guarda Nacional – que tinham se federado no decorrer do mês de fevereiro e montado um comitê central – anulou a iniciativa de Thiers, enquanto uma multidão amotinada matou, poucas horas depois, na rua des Rosiers, um ex-general da Guarda Nacional, Clément Thomas, e um general do exército regular, general Lecomte. "Foi no momento em que enterrávamos o pobre Charles Hugo", contou Verlaine, "que aconteceu o drama da rua des Rosiers. A triste notícia já estalava na atmosfera sombria. Ao mesmo tempo, as barricadas improvisadas pela manhã se tornaram formidáveis, armando-se com canhões, metralhadoras e se eriçando com baionetas na ponta de fuzis carregados. Os passantes cochichavam palavras de alarme e rapidamente iam embora. As lojas fecharam e muitos bares ficaram apenas entreabertos. Havia cheiro de pólvora e se podia sentir também o sangue". No final do dia, Jules Ferry abandonou o Hôtel de Ville ao comitê central da federação da Guarda Nacional, enquanto Thiers deslocou a administração para Versalhes. Duas cidades, dois exércitos, dois povos se enfrentariam até o drama final, nos últimos dias do mês de maio.

Podia-se evitar a guerra civil? Alguns acreditaram nisso, desejaram e trabalharam com essa finalidade. Thiers e os "versalhenses" queriam pôr fim à revolução parisiense o mais rapidamente possível, pela força. O sangue derramado dos dois generais justificou a intransigência. Quanto aos revolucionários, pretendiam eleger uma comuna, como pediram durante o cerco e, dessa forma, propor ao restante da França que os seguisse. O que vinha a ser uma comuna? Uma cidade se auto-administrando, se autogovernando, uma cidade livre. Tratando-se de Paris, entretanto, isso não se podia limitar à simples municipalidade. Até onde iria seu poder? No dia 28, a Comuna foi proclamada.

Nas semanas seguintes, a guerra civil sucedeu à guerra estrangeira. Victor Hugo magoado, sem nada poder fazer, condenou o enfrentamento, "diante da gargalhada terrível do inimigo":

"Vocês aprofundam o abismo em vez de nele colocar um farol!

Dos dois lados, a mesma execrável fanfarra,

O mesmo grito: Morte! Guerra! – Contra quem?,

responde, Caim!

Que soldados são esses de espada na mão,
Curvados diante da Prússia, altivos contra a França?
Guardem, pois, seu sangue para a libertação!"

Em 28 de maio de 1871, sob as vistas dos prussianos, a capital em chamas havia se tornado campo de uma vasta carnificina. Versalhes vencera, com canhão e metralhadora, Paris revoltada.

Morrer na República

5

No ano 1871, Victor Hugo, de volta à França desde a queda de Napoleão III, se elegeu em 8 de fevereiro para a Assembléia Nacional, demitiu-se dessa mesma Assembléia com maioria monarquista, e se recusou a tomar partido, durante a insurreição da Comuna de Paris, tanto pelos *communards* quanto pelos versalhenses. Passando a residir em Bruxelas, ele explicou com clareza sua posição, em carta de 28 de abril ao jornal *Le Rappel.* Não contestava os direitos dos parisienses querendo estabelecer a Comuna, apenas deplorou o momento escolhido:

"Provocar o conflito em semelhante hora! a guerra civil após a guerra estrangeira! Nem sequer esperar que os inimigos tenham ido embora! alegrar a nação vitoriosa com o suicídio da nação vencida! dar à Prússia, a esse império, a seu imperador, tal espetáculo, um circo de animais se entredilacerando, e sendo a França esse circo!"

O patriotismo de Victor Hugo estava em plena revulsão. Ele admitia não ter havido um desejo de guerra civil por ambas as partes, admitia que uma terrível engrenagem a tinha causado. Não admitia as decisões dos revoltosos, nem a derrubada da Coluna Vendôme (a mesma que ele havia celebrado em versos) e nem o decreto sobre os reféns:

"Na noite pode-se avançar na direção de precipícios e pela ignorância pode-se chegar a crimes.

Um ato que se inicia apenas imbecil pode se tornar feroz.

Temos aqui um que se esboça e que é monstruoso; é o decreto sobre os reféns.

Indignados como eu, todos os dias vocês denunciam à consciência do povo esse decreto horrível, ponto de partida infame das catástrofes. Esse decreto fará ricochete contra a República. Tenho um calafrio quando penso em tudo o que pode vir disso. A Comuna, da qual participam almas direitas e honestas, apesar do que se diz, aceitou esse decreto mais do que propriamente o votou. Foi obra de quatro ou cinco déspotas, e é abominável. Aprisionar inocentes e responsabilizá-los por crimes alheios é banditismo como forma de governo. É política das cavernas."

Ao governo versalhense do senhor Thiers como à Assembléia de Bordeaux da qual se tinha demitido,

Hugo criticava não terem compreendido Paris, terem querido humilhar Paris. Ele apontava erros dos dois lados; via razões nos dois lados. Situação inextricável, criando o "frenesi". Hugo não era o único a ter essa opinião. A França não estava cortada em duas metades. Um terceiro partido existia, o das cidades grandes republicanas, o partido de Edgar Quinet, outro grande exilado, e de Gambetta. Era o partido dos conciliadores, partido dos reconciliadores. Na ação, porém, foi a força que decidiu e a Comuna, afinal, foi esmagada. Fuzilados, presos, rapidamente julgados, condenados à morte ou deportados, os *communards* foram riscados da nação. Alguns escaparam da repressão, encontrando o caminho do exílio.

Em Bruxelas, em 25 de maio, antes até do fim dos combates em Paris, o governo belga foi interpelado em sua Câmara: a Bélgica abriria suas portas aos foragidos? O ministro do Exterior, Anethan, tranqüilizou seus colegas: "Não são refugiados políticos; não devem ser considerados como tal. São homens manchados pelo crime e devem receber o castigo."

Residindo na Bélgica, Hugo se indignou e publicou, em 27 de maio, uma carta aberta no jornal *L'Indépendance Belge*:

"Senhores: Protesto contra a declaração do governo belga referente aos vencidos de Paris. O que quer que se diga ou faça, esses vencidos são personalidades políticas. Eu não estava ao lado deles. Protestei contra seus atos, contra a lei dos reféns, as represálias, violações da liberdade, supressão dos jornais, espoliações, confiscos, demolições, destruição da Coluna, ataques ao direito, ataques ao povo."

Mas o direito de asilo era sagrado:

"Se vierem à minha casa pegar um foragido da Comuna, terão de me pegar. Se o entregarem, eu o acompanharei... A glória da Bélgica é a de ser um asilo. Não lhe tiremos essa glória."

Na noite mesmo de 27 de maio, um dia antes do fim da Semana Sangrenta, a casa de Hugo em Bruxelas foi tomada de assalto por uma multidão de manifestantes aos gritos: "À morte Victor Hugo! Abaixo Victor Hugo! Abaixo Jean Valjean! Abaixo o bandido!" A criada Mariette mal teve tempo de trancar a porta sob as pancadas dos agressores que urravam. "A porta resistiu", contou Hugo. "Eles tentaram escalar as paredes, as janelas do térreo resistiram. Uma chuva de pedras dilapidou a casa. [...] Alice [viúva de Charles Hugo] e Mariette subiram na armação metálica da estufa e pediram desesperadamente socorro. Eu me calava. Janela alguma se abriu. Nenhum socorro veio. Ao que parece, a polícia estava ocupada em outro lugar. Foi uma armadilha reacionária e bonapartista que o ministério clerical belga sempre tolerou um pouco." A polícia chegou quando tudo já havia passado. "Cinqüenta ou 60 homens armados com pedras e paus cercaram durante duas horas, à noite, em uma casa, um homem de 69 anos, quatro mulheres e duas crianças pequenas. Eu não tinha armas. Não tinha sequer uma bengala. Vi de perto essa cruel morte, o assassinato." Por que tal violência contra ele?

Em 30 de maio, *L'Indépendance Belge* publicou uma carta de François-Victor Hugo relatando o tumulto ocorrido na noite de 27-28, assim como a ausência de qualquer socorro. No mesmo dia, uma notificação assinada por Leopoldo II, rei dos belgas, intimava "o senhor Victor Hugo" a deixar imediatamente o reino. Interpelado na Câmara por um deputado liberal, o ministro da Justiça, Cornesse, referindo-se à Comuna, exclamou haver quem fosse mais perigoso do que "os incendiários cujos crimes apavoraram a Europa. Há culpados maiores, são aqueles que incentivam, toleram, ordenam esses fatos; são os malfeitores intelectuais, que propagam nos espíritos teorias funestas e encorajam a luta entre capital e trabalho. Essas teorias malsãs feriram o sentimento público de toda a Bélgica".

Hugo não era suspeito de ter desencadeado aquele fogo, e a guerra, desordens e massacres. Nada em sua personalidade o aproximava de um doutrinador das lutas de classes, como sugeriu o ministro belga da Justiça. Dentro do espírito de 1848, ele defendia a conciliação das classes na nação e na República. Mas o ex-proscrito era também autor de *Os miseráveis,* e disso se lembravam os manifestantes de Bruxelas, ao urrar sob suas janelas esta exclamação estranha: "Morte a Jean Valjean!"

Era impensável para Hugo voltar naquele momento a Paris, "em pleno terror branco". Resolveu guiar sua "comunidade" (a expressão é dele) a Luxemburgo, só voltando para Paris em 25 de setembro. Sua maior urgência, então, foi pedir uma entrevista a Thiers, em Versalhes, tentando interceder em favor de Rochefort. Condenado à deportação por seus artigos na imprensa, ele cumpriria a sentença em alguma fortaleza, dentro da França. Foi pelo menos o que prometeu o chefe do Executivo, mas Rochefort acabou indo, junto com tantos outros, para a Nova Caledônia.

Os conselhos de guerra para estabelecer o destino dos inculpados da Comuna se reuniram de 4 de abril de 1871 a 31 de julho de 1872. Os combates e execuções da Semana Sangrenta tinham resultado em pelo menos 20.000 mortos nas fileiras dos insurretos; 10.137 participantes da Comuna foram em seguida condenados a penas diversas, enquanto 3.313 condenados por contumácia conseguiram se esconder ou se exilar para escapar de suas penas.

Foram levadas a termo 23 execuções capitais. Setenta e dois condenados à morte foram agraciados, 3.417 pessoas foram condenadas à deportação e 1.169 à deportação em recinto fortificado.

O degredo foi infligido ao grupo sentenciado com trabalhos forçados. A Nova Caledônia recebia esse tipo de condenado desde 1864, e eram também para lá enviados os deportados políticos. Dessa forma, a Nova Caledônia tinha se tornado um complexo penitenciário, reunindo: 1. os condenados aos trabalhos forçados; 2. os deportados simples (que formavam maioria); 3. os deportados à reclusão em recinto fortificado.

Dentre os condenados, Hugo se interessou particularmente por Louise Michel, que ele conhecia: ela lhe tinha enviado seus primeiros versos e ele lhe dedicou um poema, *Viro major*, "maior do que um homem":

"E quem, como eu, sabe que és incapaz
Do que seja, sem heroísmo e virtude...
Quem conhece teus versos misteriosos e ternos,
Teus dias, tuas noites, teus cuidados e lágrimas
distribuídas a todos,

Teu esquecimento de ti mesma a socorrer os outros,
Tua palavra igual às chamas dos apóstolos.
Quem conhece o teto sem calor, sem ar, sem pão,
A cama de lona com a mesa de pinho,
Tua bondade, teu orgulho de mulher popular,
A ácida ternura que dorme sob tua sanha...
Esses todos, mulher, diante da tua majestade feroz,
Meditavam..."[20]

Uma nova causa se apresentava aos olhos de Victor Hugo: a anistia. Ele se dedicou a isso, primeiro como simples cidadão e depois como senador da República, após a eleição em 1876. Nesse espaço de tempo, em 1872, ele lançou *O ano terrível*, do qual alguns trechos tinham sido publicados, durante a guerra civil, na imprensa de Paris ou de Versalhes.

Mais uma vez, Barbey d'Aurevilly demoliu Hugo em um artigo em que dizia: "O senhor não passa, em *O ano terrível*, de um criado voluntário da Prússia; e se

20 *Et ceux qui, comme moi, te savent incapable / De tout ce qui n'est pas héroïsme et vertu... / Ceux qui savent tes vers mystérieux et doux, / Tes jours, tes nuits, tes soins, tes pleurs donnés à tous, / Ton oubli de toi-même à secourir les autres, / Ta parole semblable aux flammes des apôtres. / Ceux qui savent le toit sans feu, sans air, sans pain, / Le lit de sangle avec la table de sapin, / Ta bonté, ta fierté de femme populaire, / L'âpre attendrissement qui dort sous ta colère... / Ceux-là, femme, devant ta majesté farouche, / Méditaeint...*

pessoas a lê-lo não compreendem ou negam isto, é porque o cosmopolitismo apodreceu em seus corações o sentimento de pátria, como é o seu caso! O senhor pode deixar de lado a língua francesa, ela não sentirá sua falta, pois há muito tempo já o senhor a deixou extenuada. Escreva seu próximo livro em alemão."

No decorrer daqueles últimos 10 anos, muitas pessoas ao redor de Hugo desapareceram, aumentando sua solidão. Em 1873, seu segundo filho, François-Victor, lhe foi tirado, dois anos após a morte de Charles e cinco após a de sua esposa. Seus contemporâneos eram sucessivamente enterrados: em março de 1875, Edgar Quinet; em junho de 1876, George Sand ("Outros são os grandes homens; ela é a grande mulher"); em julho de 1881, Paul de Saint-Victor; em dezembro de 1882, Louis Blanc, depois Léon Gambetta... Impressionado com a morte, que ele não temia, mas de que sentia já o pródromo, imaginava ouvir os "invisíveis", os "queridos desaparecidos", anotando todos esses instantes, as noites em particular, quando batiam nas paredes, sombras sonoras que não paravam de confirmá-lo em sua crença na imortalidade. Restava apenas a filha Adèle, louca, internada em Saint-Mandé, uma outra forma de estar morta. A velhice de Hugo foi, no entanto, alegrada pela presença dos netos. Georges nascera em 1868 e Jeanne veio ao mundo no ano seguinte.

Eles lhe inspiraram *A arte de ser avô*, que exprimia não só o amor do progenitor, mas um certo número de visões políticas, como se o poeta tivesse querido compor um catecismo político para os dois netos:

• O anticlericalismo:
"Padres, os senhores tramam nos salvar com ajuda
Das trevas, que são com efeito o remédio
Contra o astro e o dia;
Os senhores libertam o homem por meio de uma cadeia;
Descobriram esta virtude, o ódio,
Sendo o amor o crime."[21]

• O patriotismo:
"Ó França, tua desgraça me revolta e é sagrada.
Já o disse e nunca me cansarei
De repetir, sendo o brado maior de minha alma,
Será infame quem mal fizer à minha mãe..."[22]

---

[21] *Prêtres, vous complotez de nous sauver, à l'aide / Des ténèbres, qui sont en effet le remède / Contre l'astre et le jour; / Vous faitez l'homme libre au moyen d'une chaîne; / Vous avez découvert cette vertu, la haine, / Le crime étant l'amour.*

[22] *Ô France, ton malheur m'indigne et m'est sacré. / Je l'ai dit, et jamais je ne me lasserai / De le redire, et c'est le grand cri de mon âme, / Quiconque fait du mal à ma mère est infâme...*

• O Progresso:
"Adiante, grande marcha humana!
Povo, muda de região.
Ó larva, torna-te fenômeno;
Ó rebanho, torna-te legião..."[23]

• A Fraternidade:
"Sonho com a eqüidade, a verdade profunda,
O amor que quer, a esperança que luz, a fé que funda,
E o povo esclarecido em vez de castigado.
Sonho com a suavidade, a bondade, a piedade,
E o amplo perdão. Por isso minha solidão."[24]

Hugo estava rico, graças a direitos autorais cada vez mais elevados. Ele anotava regularmente seus investimentos, feitos por intermédio do banco Rothschild. Assinalava também o montante de suas generosidades, regulares ou excepcionais, beneficiando a Caixa de socorro às famílias dos deportados, os operários de Lyon, os presos políticos, as festas de fim de ano dos condutores de transporte público, simples

[23] *En avant, grande marche humaine! /Peuple, change de région. / Ô larve, deviens phénomène; / Ô troupeau, deviens légion...*

[24] *Je rêve l'équité, la vérité profonde / L'amour qui veut, l'espoir qui luit, la foi qui fonde, / Et le peuple éclairé plutôt que châtié. / Je rêve la douceur, la bonté, la pitié, / Et le vaste pardon. De là ma solitude.*

particulares... Suas últimas obras tiveram imenso sucesso: depois de *O ano terrível* (1872), *Noventa e três* (1874), *História de um crime* (1877), *A legenda dos séculos* (1877, 1883), *Os quatro ventos do espírito* (1881), *Torquemada* (1882)... As peças teatrais encenadas ou reencenadas obtiveram triunfos: adaptação de *Os miseráveis* no teatro Porte-Saint-Martin (1878), retomada do *Hernani* com Sarah Bernhardt (no mesmo ano), de *Ruy Blas*, da adaptação de *Notre-Dame de Paris* (1879), reencenação de *O rei se diverte* (1882)...

A incrível produtividade era inseparável dos combates políticos. A partir de sua eleição para o Senado, em janeiro de 1876, ele se dedicou à votação da anistia, favorecendo os condenados da Comuna. Em 22 de maio, diante de senadores em silêncio, resistindo pela mudez à sua impressionante verve, renovou o discurso em defesa de Paris, descapitalizada após "um longo sítio estoicamente suportado". Conseguiu apoio em favor da anistia que pleiteava, plena e integral, apenas de nove colegas, entre os quais Peyrat, Schœlcher e Scheurer-Kestner. Mas os franco-maçons de Toulouse exprimiram o reconhecimento dos republicanos: "Para os franco-maçons... para a França intelectual e moral, o senhor permanece o grande poeta, o corajoso cidadão, o eloqüente pensador, o intérprete mais admirado das grandes leis divinas e humanas, ao mesmo tempo que o mais brilhante gênio moderno da pátria de Voltaire e Molière." Sem cansar, Hugo exigiu a anistia até os primeiros dias de julho de 1880, quando sua petição foi satisfeita.

Ele lutou também pela independência de povos sujeitados como a Sérvia, sob o jugo dos turcos: "Quando terá fim o martírio dessa heróica pequena nação?", perguntou em agosto de 1876. E acrescentou: "O que está acontecendo na Sérvia (a repressão dos sérvios revoltados pelos otomanos) demonstra a necessidade dos Estados Unidos da Europa. Que aos governos desunidos sucedam povos unidos. Terminemos com os impérios mortais. Amordacemos fanatismos e despotismos. Quebremos os gládios dominados por superstições e os dogmas que têm o sabre em punho. Pelo fim das guerras, dos massacres, das carnificinas; livre-pensamento, livre-câmbio; fraternidade. Será tão difícil a paz? A República da Europa, a Federação Continental, não há outra realidade política senão esta." Ele retomou sua antífona durante o Congresso dos democratas, celebrando o aniversário da República, em setembro de 1876. As leis necessárias para romper a argola e as cadeias eram as seguintes: "liberdade de pensamento, liberdade de crença, liberdade de consciência; liberdade na vida, libertação diante da morte; o homem livre, a alma livre".

A crise de 16 de maio de 1877 engajou-o na luta a favor da República, ameaçada pelo "semigolpe de Estado" de Mac-Mahon.

Do que se tratava?

Lembremos que em 8 de fevereiro de 1871 a Assembléia Nacional, eleita para tratar a paz com Bismarck, tinha uma maioria conservadora. Após assinar a paz, essa maioria, no entanto, foi incapaz de proceder à restauração monárquica, pois os representantes dos dois ramos realistas, os legitimistas e os orléanistas, não conseguiram entrar em acordo. A intransigência do conde de Chambord, o pretendente que não quis abrir mão da bandeira branca da monarquia, foi decisiva.

Conseguiu-se então transformar o regime provisório e instável da Assembléia de Versalhes em regime regular: em 1875 foram votadas as leis constitucionais da República. Um presidente foi eleito (pelas Câmaras) por sete anos: Mac-Mahon, com duas câmaras. Nas eleições legislativas de 1876, a Câmara ganhou uma maioria republicana. Quem governaria? O presidente da República ou um ministro da maioria? Assistiu-se a um primeiro caso de "coabitação" *avant la lettre*. Entre o presidente de direita e Jules Simon, de centro-esquerda, havia um conflito, que explodiu em

16 de maio de 1877. O presidente se livrou do republicano e nomeou um de seus amigos políticos, de Broglie, para a chefia do governo. Mas ele não contava com a maioria. Donde a idéia da dissolução: os eleitores decidiriam entre o poder do presidente e o da Câmara.

No Senado conservador, Hugo exortou os colegas, em longo discurso acompanhado por aplausos e movimentos de reprovação, a que recusassem a dissolução da Câmara, pretendida pelo presidente da República:

"Votando pela dissolução, o Senado compromete a tranqüilidade pública e prova que é perigoso. Rejeitando a dissolução, o Senado asserena a pátria e comprova-se necessário.

Senadores, provem que são necessários.

Volto-me aos homens que neste momento governam e digo:

Se conseguirem a dissolução, em três meses o sufrágio universal vai derrubá-los dessa Câmara."

A dissolução foi decidida pelos senadores por 349 votos contra 130, mas Hugo foi ouvido pela opinião pública; recebeu apoios vindos de todo lugar. Participou de reuniões eleitorais, defendeu a candidatura do republicano Jules Grévy no 9º *arrondissement* de Paris:

"Cidadãos, tenhamos fé na pátria. Não desesperemos nunca. A França é predestinada. Ela tem povos a seu encargo, é a nação útil, que não pode declinar e nem decrescer, ela cobre as próprias mutilações com seu esplendor. Na hora atual, ensangüentada, desmembrada, extorquida, entregue a facções do passado, contestada, discutida, questionada, ela sorri soberbamente e o mundo a admira."

Em 1º de outubro, ele publicou *História de um crime*: "Esse livro é mais do que atual; é urgente. Publico-o." O governo chegou a pensar em mandar recolher o livro, que narrava o golpe de Estado de 2 de dezembro de 1851, mas ganhara uma repentina atualidade. Em poucas horas, 22.000 exemplares da obra foram vendidos; nos dias seguintes as vendas se mantiveram com 10.000 livros diários. Em 14 de outubro, Gambetta e os republicanos venceram, mantendo o controle da Câmara dos Deputados.

No ano seguinte, em 1878, o centenário de Voltaire fez inevitavelmente dispararem novas disputas entre republicanos e monarquistas, entre livres-pensadores e clericais. Hugo participou das cerimônias, preocupado com uma conciliação entre Voltaire e o Evangelho. No discurso pronunciado em 30 de maio, disse:

"A obra evangélica tem como complemento a obra filosófica; o espírito de mansuetude deu início, o espírito de tolerância continuou; Jesus chorou – digamos isto com um sentimento de profundo respeito – e Voltaire sorriu. Com essa lágrima divina e esse sorriso humano se fez a toda a doçura da civilização atual." Ao lado de Voltaire, citou outros filósofos: "Esses poderosos escritores desapareceram; mas nos deixaram sua alma, a Revolução." Nunca a fé no progresso fora afirmada com semelhante eloqüência. O discurso de Hugo provocou resposta do reverendíssimo Dupanloup, bispo de Orléans, pouco disposto a aceitar o elogio de Voltaire, e que escreveu uma carta aberta ao poeta. Réplica de Hugo: com que direito vinha um bispo lhe dar uma lição? Sabendo-se que a Igreja não cessara de cantar para os ouvidos do usurpador, o homem do 2 de dezembro, tantos *Te Deum*, *Magnificat* e *Gloria Tibi*. "Com aquele homem naufragaram o direito, a honra, a pátria; ele tinha sob os pés o juramento, a eqüidade, a probidade, a glória da bandeira, a dignidade dos homens, a liberdade dos cidadãos; a prosperidade daquele homem desconcertou a consciência humana. E isso durou 19 anos. Durante esse tempo o senhor ocupava um palácio, eu estava no exílio. Eu o lamento, senhor."

Nada mais parecia poder parar o ilustre ancião, tornado voz da consciência republicana, arauto da liberdade, profeta da humanidade, defensor dos oprimidos, paladino dos Estados Unidos da Europa. Restavam, é claro, adversários entre os católicos, os monarquistas e também entre os escritores das novas gerações, que haviam jurado enterrar para sempre o romantismo, a sentimentalidade, a efusão lírica – como escreveu Zola em *Le Figaro* de 2 de novembro de 1880, após a publicação de *O asno*:

Tratava-se de um poema bem curioso, a fala de um asno que quis tudo saber, tudo estudou e se via, no entanto, sem nada:

"Eu li, busquei, escavei, até me estropiar.
Minha pobre inteligência quase se dissipou.
Ó quem quer que passe pela estrada,
Fustiguem-me, espanquem-me; mas nada me ensinem.
Guardem esse saber sem finalidade, do qual estou lasso,
E não me façam mais girar a manivela.
Subam-me no lombo, mas não sobre o cérebro.

Meu irmão homem, entremos num acordo,
Estamos vocês e nós na mesma prisão;
Sua porta é maciça e a arcada é dura;

Você às vezes olha pela fechadura,
E chama isso Ciência; mas não possui
A chave para abrir o fatal cadeado."[25]

"Victor Hugo, o homem do século! Victor Hugo, o pensador, o filósofo, o sábio do século! E isso no momento em que ele acaba de publicar *O asno*, esse incrível galimatias que se revela um desafio contra o nosso espírito francês! [...] Então nós lutamos, trabalhamos, conquistamos o método e avançamos com passos de gigante em direção a todos os conhecimentos! Como! em apenas 100 anos as ciências foram criadas e cresceram, uma evolução espetacular lançou a humanidade à conquista do verdadeiro! E foi justamente a hora que esse homem escolheu para soltar o seu asno, vindo insultar a ciência! Esse homem não é dos nossos!" Ou seja, Hugo, para Zola, pertencia à Idade Média.

---

[25] *J'ai lu, cherché, creusé, jusqu'à m'estropier. / Ma pauvre intelligence est à peu près dissoute. / Ô qui que vous soyez qui passez sur la route, / Fouaillez-moi, rossez-moi; mais ne m'enseignez pas. / Gardez votre savoir sans but, dont je suis las, / Et ne m'en faites point tourner la manivelle. / Montez-moi sur le dos, mais non sur la cervelle. // Mon frère l'homme, il faut se faire une raison, / Nous sommes vous et nous dans la même prison; / La porte en est massive et la voûte en est dure; / Tu regardes parfois au trou de la serrure, / Et tu nommes cela Science; mais tu n'as / Pas de clef pour ouvrir le fatal cadenas.*

Pouco importava! O poeta não respondia a esses ataques; não era ele a voz do ensino, o servidor do progresso, o combatente da paz, a consciência da humanidade? A ele, quando andava pelas ruas, as pessoas cumprimentavam exclamando: "Viva Victor Hugo!" Nunca um escritor tinha sido tão homenageado, reconhecido como gênio e benfeitor. Havia, de fato, com que irritar os jovens confrades.

Em 25 de fevereiro de 1881, véspera do aniversário de Victor Hugo, o presidente do Conselho, Jules Ferry, o visitou para oferecer em nome do governo um vaso de Sèvres, pintado por Fragonard. Uma grande cerimônia foi marcada para o dia 27, festejando seus 80 anos. Durante o dia inteiro, o povo desfilou diante da casa enfeitada de Victor Hugo, na avenida d'Eylau, aclamando seu nome. Coroas de flores foram penduradas nas paredes: "Ao poeta, ao filósofo, ao grande justiceiro da causa dos povos." Delegações de cidades e de diferentes regiões se sucederam, em meio a aclamações. Diante do conselho municipal de Paris, Hugo pronunciou algumas palavras, interrompidas por vivas: "Eu saúdo Paris. Eu saúdo a cidade imensa..." Desfiles, bandas de música, corais, flores que se amontoaram até à noite, apesar da neve, e uma multidão de todas as condições sociais, em que chapéus apareciam lado a lado com gorros de operários, com alunos de liceu e soldados, todos passando diante da janela de Victor Hugo. Presentes foram oferecidos, medalhas, livros, estojos, penas de ouro... Mar humano, espetáculo estupefaciente, como disse a imprensa, "data para sempre ilustre em nossa história nacional". E *Le Rappel* acrescentou: "Parecia ser a aurora de uma nova época, do reino da inteligência, da soberania do espírito." Em 4 de março, de volta ao Senado (Hugo se reelegera em janeiro), a Assembléia o saudou de pé com prolongados aplausos. Ele agradeceu: "Nunca, até o último dia de minha vida, esquecerei a homenagem que acabam de me fazer. Sento-me profundamente emocionado." Ainda em vida, Hugo estava sendo glorificado.

Hugo não deixou de agir em 1882. Daquela vez em terreno inédito: contra o anti-semitismo. Desde a Semana Santa de 1881, *pogrons* organizados se repetiam na Rússia, sustentados por propaganda acusando os judeus de serem responsáveis por todas as misérias públicas, a começar pelo assassinato do czar Alexandre. Hugo interveio em *Le Rappel*:

"O que está acontecendo na Rússia causa horror; um crime imenso está sendo cometido, ou, melhor dizendo, uma ação se produz, pois essas populações exterminadoras nem sequer têm consciência do crime..."

Em 22 de maio de 1885, Victor Hugo morreu. O presidente da Câmara dos Deputados, Charles Floquet, propôs que se disponibilizasse uma verba de 20.000 francos para a realização de funerais nacionais: "Para nós, franceses, há 65 anos sua voz se confundia com nossa existência nacional em tudo que ela teve de mais pungente e glorioso, toda uma longa série de gerações foi encantada, consolada e aquecida por sua chama. Quem, entre nós, não tem a lhe agradecer pelas mais profundas emoções da alma? Nossa democracia o pranteia. Ele cantou todas as suas grandezas; comoveu-se com todas as nossas desgraças. Os pequenos e humildes hão sempre de venerar o seu nome e sabem que o grande homem os carregava no coração..." O discurso foi várias vezes interrompido por aplausos.

Uma convicção se impôs em todos os espíritos: Victor Hugo era o maior de todos. *Le Figaro* exprimiu isto: "Nenhuma realeza literária jamais se igualou à sua. Voltaire reinou em outras rubricas. Foi dito de Voltaire que ele era o segundo melhor em todos os gêneros. Victor Hugo, pelo contrário, é e permanecerá o primeiro em diversos. [...] Ele é para nós o que foi para a Itália Dante, Petrarca, Tasso e Ariosto reunidos; é o imenso carvalho cuja robusta fronde há 60 anos cobre as florescências incessantemente renascentes do pensamento francês."

A palavra "apoteose" foi pronunciada não se sabe por quem em primeiro lugar; surgiu em todos os lábios e todas as penas. No sábado 30 de maio, o defunto foi colocado no caixão, para ser transportado na madrugada de domingo a um catafalco armado no Arco do Triunfo, perante a multidão que havia esperado a noite inteira e gritava para o féretro o brado a que o ouvido do poeta há muito tempo se acostumara: "Viva Victor Hugo!" O Arco do Triunfo foi envolvido por um imenso véu negro ornamentado com apliques em que se inscreviam os títulos das obras do escritor, enquanto em uma das faces laterais foi suspenso o seu retrato, sustentado por duas personificações femininas da Fama, tendo na boca a trombeta lírica.

Assim que o corpo foi exposto sobre o catafalco, colocado sob a grande arcada no alto de 12 degraus, um desfile ininterrupto teve início. Todas as ruas convergiam para o Arco, onde centenas de milhares de admiradores fervorosos, homens e mulheres reconhecidos, acorreram de todos os horizontes. A avenida Champs-Élysées foi invadida durante o dia inteiro e boa parte da noite, sendo o Arco, então, iluminado por uma dupla fila de soldados a cavalo, carregando tochas. A partir das cinco horas da manhã de 1º de junho, a multidão se adensou novamente, clarins soaram, carregadores de coroas amontoaram as flores ao redor do catafalco. Às onze horas, 21 tiros de canhões postados no monte Valérien anunciaram o início da cerimônia. Uma pequena tribuna foi erguida, onde foram pronunciados os discursos oficiais, após a marcha fúnebre de Chopin, executada pela Guarda Republicana: "Não é a um funeral que assistimos", disse um dos oradores, "é a uma sagração".

Victor Hugo morreu em 1885, no momento em que a República, pela qual ele lutava desde 1848, estava definitivamente estabelecida; em que as liberdades estavam consignadas na lei. Hugo não era mais um excluído, um derrotado, um proscrito. Ele se tornara a encarnação do século republicano.

Trechos de poemas

Buonaparte

Dans la nuit des forfaits, dans l'éclat des victoires,
Cet homme, ignorant Dieu qui l'avait envoyé,
De cités en cités promenant ses prétoires,
Marchait, sur sa gloire appuyé.
Sa dévorante armée avait, dans son passage,
Asservi les fils de Pélage
Devant les fils de Galgacus;
Et, quand dans leurs foyers il ramenait ses braves,
Aux fêtes qu'il vouait à ces vainqueurs esclaves,
Il invitait les rois vaincus.

Dix empires conquis devinrent ses provinces.
Il ne fut pas content dans son orgueil fatal.
Il ne voulait dormir qu'en une cour de princes,
Sur un trône continental.
Ses aigles qui volaient sous vingt cieux parsemées,
Au nord, de ces longues armées
Guidèrent l'immense appareil;
Mais là parut l'écueil de sa course hardie,
Les peuples sommeillaient: un sanglant incendie
Fut l'aurore du grand réveil.

Il tomba roi; – puis, dans sa route,
Il voulut, fantôme ennemi,
Se relever, afin sans doute
De ne plus tomber à demi.
Alors, loin de sa tyrannie,
Pour qu'une effrayante harmonie
Frappât l'orgueil anéanti,
On jeta ce captif suprême
Sur un rocher, débris lui-même
De quelque ancien monde englouti.

Là, se refroidissant comme un torrent de lave,
Gardé par ses vaincus, chassé de l'univers,
Ce reste d'un tyran, en s'éveillant esclave,
N'avait fait que changer de fers.
Des trônes restaurés écoutant la fanfare,
Il brillait de loin comme un phare,
Montrant l'écueil au nautonier.
Il mourut. – Quand ce bruit éclata dans nos villes,
Le monde respira dans les fureurs civiles,
Délivré de son prisonnier.

Ainsi l'orgueil s'égare en sa marche éclatante,
Colosse né d'un souffle et qu'un regard abat.
Il fit du glaive un sceptre, et du trône une tente.

Tout son règne fut un combat.
Du fléau qu'il portait lui-même tributaire,
Il tremblait, prince de la terre;
Soldat, on vantait sa valeur.
Retombé dans son cœur comme dans un abîme,
Il passa par la gloire, il passa par le crime,
Et n'est arrivé qu'au malheur.

Peuples, qui poursuivez d'hommages
Les victimes et les bourreaux,
Laissez-le fuir seul dans les âges; –
Ce ne sont point là les héros.
Ces faux dieux, que leur siècle encense,
Dont l'avenir hait la puissance,
Vous trompent dans votre sommeil;
Tels que ces nocturnes aurores
Où passent de grands météores,
Mais que ne suit pas le soleil.

(Extraits, *Odes*, 1822)

Buonaparte

Na noite dos delitos, no esplendor das vitórias,
Esse homem, ignorando Deus que o havia enviado,
De cidade em cidade armando seus pretórios,
Marchava, em sua glória apoiado.
Seu devorador exército havia, de passagem,
Subjugado os filhos de Pelágio
Diante dos filhos de Galgacus;
E quando ao lar ele trazia seus bravos,
Às festas que dava a esses vitoriosos escravos,
Ele convidava os reis derrotados.

Dez impérios conquistados se tornaram províncias.
Ele não satisfazia seu orgulho fatal.
Quis dormir apenas em corte de príncipes,
Sobre um trono continental.
Suas águias que voavam por vinte céus dispersas,
Para o norte, daqueles extensos exércitos
Guiaram o imenso aparelho;
Mas foi onde surgiu o escolho à ardorosa marcha,
Os povos adormeciam: um sangrento incêndio
Tornou-se a aurora do grande despertar.
Ele caiu rei; – depois, em seu caminho,
Ele quis, fantasma inimigo,
Reerguer-se, para sem dúvida

Não mais cair pela metade.
E então, longe de sua tirania,
Para que uma apavorante harmonia
Ferisse o orgulho aniquilado,
Foi lançado o cativo supremo
Num rochedo, ele próprio destroço
De algum antigo mundo devorado.

Resfriando-se ali como uma torrente de lava,
Guardado pelos vencidos, escorraçado do universo,
Esse resto de tirano, acordando escravo,
Nada fizera senão trocar as cadeias.
Dos tronos restaurados ao ouvir a fanfarra,
Ele brilhou ao longe como um farol,
Mostrando o escolho ao timoneiro.
Ele morreu. – Quando a notícia ecoou nas cidades,
O mundo respirou em seu furor civil,
Libertado de seu prisioneiro.

Assim o orgulho se perde em sua marcha esplêndida,
Colosso nascido de um sopro e que um olhar abate.
Ele fez do gládio um cetro e do trono uma tenda.
Todo o seu reino foi um combate.
Do flagelo que trouxe ele foi tributário,
E tremia, sendo príncipe da terra;
Como soldado, gabavam-lhe o valor.

Tombado em seu coração como num abismo,
Ele passou pela glória, passou pelo crime,
E só alcançou a desgraça.

Povos que prosseguis com homenagens
As vítimas e os carrascos,
Deixai que ele fuja, só, nas idades –
Não estão aí os heróis.
Esses falsos deuses, que o século incensa,
E dos quais o futuro odeia o poder,
Estão a vos enganar em vosso sono;
Iguais às noturnas auroras
Em que passam meteoros,
Sem que ali surja o sol.

(*Odes* [fragmento], 1822)

Ce que le poète se disait en 1848

Lorsque les citoyens, par la misère aigris,
Fils de la même France et du même Paris,
S'égorgent; quand, sinistre, et soudain apparue,
La morne barricade au coin de chaque rue
Monte et vomit la mort de partout à la fois,
Tu dois y courir seul et désarmé; tu dois
Dans cette guerre impie, abominable, infâme,
Présenter ta poitrine et répandre ton âme,
Parler, prier, sauver les faibles et les forts,
Sourire à la mitraille et pleurer sur les morts;
Puis remonter tranquille à ta place isolée,
Et là, défendre, au sein de l'ardente assemblée,
Et ceux qu'on veut proscrire et ceux qu'on croit juger,
Renverser l'échafaud, servir et protéger
L'ordre et la paix qu'ébranle un parti téméraire,
Nos soldats trop aisés à tromper, et ton frère,
Le pauvre homme du peuple aux cabanons jeté,
Et les lois, et la triste et fière liberté!
Consoler, dans ces jours d'anxiété funeste,
L'art divin qui frissonne et pleure, et pour le reste
Attendre le moment suprême et décisif.

Ton rôle est d'avertir et de rester pensif.

(*Les châtiments*, 1853)

O que o poeta dizia para si em 1848

Quando os cidadãos, pela miséria amargados,
Filhos da mesma França e da mesma Paris,
Se degolam; quando, sinistra e de repente erguida,
A morna barricada em cada esquina de rua
Cresce e vomita a morte de todos os lados simultânea,
Deves ir correndo, só e desarmado; deves
Nessa guerra ímpia, abominável, infame,
Apresentar o peito e entregar a alma,
Falar, pedir, salvar fracos e fortes,
Sorrir à metralha e chorar os mortos;
Depois subir tranqüilo para teu lugar isolado,
E ali defender, no seio da ardente assembléia,
Tanto os que eles querem proscrever quanto os que eles crêem julgar,
Deves derrubar o patíbulo, servir e proteger
A ordem e a paz que um partido temerário sacode,
Os soldados tão facilmente enganados e teu irmão,
O homem pobre do povo em calabouços largado,
E as leis e a triste e orgulhosa liberdade!
Deves consolar, nesses dias de ansiedade funesta,
A arte divina que estremece e chora, e no mais
Esperar o momento supremo e decisivo.

Teu papel é o de advertir e te manteres pensando.

(*Os castigos*, 1853)

Souvenir de la nuit du 4

L'enfant avait reçu deux balles dans la tête,
Le logis était propre, humble, paisible, honnête:
On voyait un rameau bénit sur un portrait.
Une vieille grand'mère était là qui pleurait.
Nous le déshabillions en silence. Sa bouche,
Pâle s'ouvrait; la mort noyait son œil farouche;
Ses bras pendants semblaient demander des appuis.
Il avait dans sa poche une toupie en buis.
On pouvait mettre un doigt dans les trous de ses plaies.
Avez-vous vu saigner la mûre dans les haies?
Son crâne était ouvert comme un bois qui se fend.
L'aïeule regarda déshabiller l'enfant,
Disant: – Comme il est blanc! approchez donc la lampe.
Dieu! ses pauvres cheveux sont collés sur sa tempe! –
Et quand ce fut fini, le prit sur ses genoux.
La nuit était lugubre; on entendait des coups
De fusil dans la rue où l'on en tuait d'autres.
– Il faut ensevelir l'enfant, dirent les nôtres.
Et l'on prit un drap blanc dans l'armoire en noyer.
L'aïeule cependant l'approchait du foyer
Comme pour réchauffer ses membres déjà roides.
Hélas! ce que la mort touche de ses mains froides
Ne se réchauffe plus au foyer d'ici bas,

Et dans ses vieilles mains prit les pieds du cadavre.
– Est-ce que ce n'est pas une chose qui navre!
Cria-t-elle; monsieur, il n'avait pas huit ans!
Ses maîtres, il allait en classe, étaient contents.
Monsieur, quand il fallait que je fisse une lettre,
C'est lui qui l'écrivait. Est-ce qu'on va se mettre
À tuer les enfants maintenant? Ah! mon Dieu!
On est donc des brigands! Je vous demande un peu,
Il jouait ce matin, là, devant la fenêtre!
Dire qu'ils m'ont tué ce pauvre petit être!
Il passait dans la rue, ils ont tiré dessus.
Monsieur, il était bon et doux comme un Jésus.
Moi, je suis vieille, il est tout simple que je parte;
Cela n'aurait rien fait à monsieur Bonaparte
De me tuer au lieu de tuer mon enfant! –
Elle s'interrompit, les sanglots l'étouffant,
Puis elle dit, et tous pleuraient près de l'aïeule:
Que vais-je devenir à présent toute seule?
Expliquez-moi cela, vous autres, aujourd'hui.
Hélas! je n'avais plus de sa mère que lui.
Pourquoi l'a-t-on tué? je veux qu'on me l'explique.
L'enfant n'a pas crié vive la République. –

Nous nous taisions, debout et graves, chapeau bas,
Tremblant devant ce deuil qu'on ne console pas.

Vous ne compreniez point, mère, la politique.
Monsieur Napoléon, c'est son nom authentique,
Est pauvre, et même prince; il aime les palais;
Il lui convient d'avoir des chevaux, des valets,
De l'argent pour son jeu, sa table, son alcôve,
Ses chasses; par la même occasion, il sauve
La famille, l'église et la société;
Il veut avoir Saint-Cloud, plein de roses l'été,
Où viendront l'adorer les préfets et les maires;
C'est pour cela qu'il faut que les vieilles grand'mères,
De leurs propres doigts gris que fait trembler le temps,
Cousent dans le linceul des enfants de sept ans.

(*Les châtiments*)

Lembrança da noite do dia 4

O menino recebera duas balas na cabeça,
O cômodo era limpo, humilde, calmo, honesto:
Via-se um ramo benzido sobre um retrato.
Uma velha avó estava ali a chorar.
Nós o despimos em silêncio. Sua boca,
Lívida, se abria; a morte afogava seu olho feroz;
Os braços pendentes pareciam pedir um apoio.
Ele tinha no bolso um pião de madeira.
Podia-se pôr um dedo nos furos dos disparos.
Já viram sangrar a amora em sebes vivas?
A cabeça tinha sido aberta como a lenha que se racha.
A anciã nos via despir a criança,
Dizendo: – Como ele é branco! aproximem o lampião.
Deus! os pobres cabelos se colaram nas têmporas! –
E quando terminamos, pegou-a no colo.
A noite era lúgubre; ouviam-se tiros
De fuzil na rua, onde se matavam outros.
– É preciso enterrar o menino – disseram os nossos.
E pegaram um lençol branco num armário de.
nogueira.
A avó no entanto aproximou-o do fogo
Como para reaquecer seus membros já frios.

Infeliz! o que a morte tocou com suas mãos geladas
Não se aquece mais em nosso fogo daqui,
Com suas velhas mãos ela tomou os pés do cadáver.
– Não é mesmo uma coisa que aflige? –
Ela exclamou – cavalheiros, ele nem tinha oito anos!
Os professores, ele ia à escola, gostavam dele.
Cavalheiros, quando eu precisava enviar uma carta,
Era ele quem escrevia para mim. Será que vão
começar
A matar crianças agora? Ah! meu Deus!
Somos bandidos? Eu pergunto-lhes isso,
Ele brincava ali, esta manhã, sob a janela!
Pensar que mataram esse pobre pequeno ser!
Estava na rua e eles lhe atiraram em cima.
Cavalheiros, ele era bom e meigo como Jesus.
Quanto a mim, eu sou velha, é normal que eu me vá;
Não faria diferença alguma para o senhor Bonaparte
Matar a mim em vez de matar minha criança! –
Ela interrompeu-se, o choro a sufocava,
Em seguida disse, e todos choraram junto da anciã:
Que vai ser de mim agora sozinha?
Expliquem-me isto, os senhores, hoje.
Miséria! era tudo que me restava de sua mãe.
Por que o mataram? quero que me expliquem.
O menino não gritou viva a República. –

Nós nos calamos, de pé e graves, chapéus na mão,
Trêmulos diante daquele certo leito impossível de
se consolar.
A senhora nada compreende, mãe, da política.
O senhor Napoleão, este é seu nome autêntico,
É pobre, mesmo príncipe; e gosta de palácios;
Agrada-lhe ter cavalos, serviçais,
Dinheiro para o jogo, mesa, alcova,
Caçadas; ao mesmo tempo ele salva
A família, a igreja e a sociedade;
Ele quer ter Saint-Cloud, cheio de rosas no verão,
Onde virão adorá-lo dignitários e prefeitos;
E por isso é necessário que velhas avós,
Com seus pobres dedos roxos trêmulos pelo tempo,
Costurem na mortalha crianças de sete anos.

(*Os castigos*)

Applaudissements

Ô grande nation, vous avez à cette heure,
Tandis qu'en bas dans l'ombre on souffre, on râle, on pleure,
Un empire qui fait sonner ses étriers,
Les éblouissements des panaches guerriers,
Une cour où pourrait trôner le roi de Thune,
Une Bourse où l'on peut faire en huit jours fortune,
Des rosières jetant aux soldats leurs bouquets;
Vous avez des abbés, des juges, des laquais,
Dansant sur des sacs d'or une danse macabre,
La banque à deux genoux qui harangue le sabre,
Des boulets qu'on empile au fond des arsenaux,
Un sénat, les sermons remplaçant les journaux,
Des maréchaux dorés sur toutes les coutures,
Un Paris qu'on refait tout à neuf, des voitures
À huit chevaux, entrant dans le Louvre à grand bruit,
Des fêtes tout le jour, des bals toute la nuit,
Des lampions, des jeux, des spectacles; en somme,
Tu t'es prostituée à ce misérable homme!

(*Les châtiments*)

Aplausos

Ó grande nação, tens neste momento,
Enquanto abaixo na sombra sofrem, agonizam,
choram,
Um império que faz soarem suas esporas,
Os esplendores dos penachos guerreiros,
Uma corte em que poderia reinar o rei Dinheiro,
Uma Bolsa em que se pode em oito dias ficar rico,
Donzelas jogando aos soldados seus buquês;
Tens cônegos, juízes, serviçais,
Dançando sobre sacos de ouro uma dança macabra,
O banco de joelhos que arenga o sabre,
Bolas de canhão se empilhando em arsenais,
Um senado, sermões substituindo os jornais,
Marechais dourados em todas suas costuras,
Paris que se renova inteira, carros
De oito cavalos, entrando no Louvre com
estardalhaço,
Festas todo o dia, bailes toda a noite,
Lampiões, jogos, espetáculos; enfim,
Tu te prostituíste àquele miserável homem!

(*Os castigos*)

Lux

Parce qu'il ne fait pas son œuvre tout de suite
Qu'il livre Rome au prêtre et Jésus au jésuite,
Et les bons aux méchants,
Nous désespérerions! de lui! du juste immense!
Non! non! lui seul connaît le nom de la semence
Qui germe dans son champ.

Ô proscrits, l'avenir est aux peuples! Paix, gloire,
Liberté, reviendront sur des chars de victoire
Aux foudroyants essieux;
Ce crime qui triomphe est fumée et mensonge;
Voilà ce que je puis affirmer, moi qui songe
L'œil fixé sur les cieux...

(Extraits, *Les châtiments*)

Lux

Por ele não cumprir sua obra de imediato,
Por entregar Roma ao padre e Jesus ao jesuíta,
E os bons aos malvados,
Desesperaríamos? dele? do justo imenso?
Não! não! apenas ele conhece o nome da semente
Que germina em nosso campo.

Ó proscritos, o futuro pertence aos povos! Paz, glória,
Liberdade, voltarão nos carros da vitória
Que tem eixos fulminantes;
Esse crime que triunfa é só fumaça e mentira;
Isto eu posso afirmar, eu que sonho
Com os olhos fixos no céu...

(*Os castigos*, [fragmento])

Octobre

Ils sont là, menaçant Paris. Ils le punissent.
De quoi? D'être la France et d'être l'univers,
De briller au-dessus des gouffres entr'ouverts,
D'être un bras de géant tenant une poignée
De rayons, dont l'Europe est à jamais baignée;
Ils punissent Paris d'être la liberté;
Ils punissent Paris d'être cette cité
Où Danton gronde, où luit Molière, où rit Voltaire;
Ils punissent Paris d'être l'âme de la terre,
D'être ce qui devient de plus en plus vivant,
Le grand flambeau profond que n'éteint aucun vent,
L'idée en feu perçant ce nuage, le nombre,
Le croissant du progrès clair au fond du ciel sombre;
Ils punissent Paris de dénoncer l'erreur,
D'être l'avertisseur et d'être l'éclaireur,
De montrer sous leur gloire affreuse un cimetière,
D'abolir l'échafaud, le trône, la frontière,
La borne, le combat, l'obstacle, le fossé,
Et d'être l'avenir quand ils sont le passé.

(Extraits, *L'année terrible*, 1872)

Outubro

Eles estão ali, ameaçando Paris. Eles a punem.
Por quê? Por ser a França e por ser o universo,
Por brilhar acima dos abismos entreabertos,
Por ser um braço de gigante sustentando uma
braçada
De raios em que a Europa definitivamente se
banhou;
Eles punem Paris por ser a liberdade;
Punem Paris por ser a cidade
Em que Danton rosna, Molière luz, Voltaire ri;
Punem Paris por ser a alma da Terra,
Ser o que se torna sempre mais vivaz,
A grande flama profunda que vento algum apaga,
A idéia incandescente atravessando a nuvem, a
quantidade,
O crescente do progresso claro sobre o fundo sombrio
do céu;
Punem Paris por denunciar o erro,
Ser o aviso e ser o precursor,
Por mostrar sob a glória horrível um cemitério,
Por abolir o patíbulo, o trono, a fronteira,
O limite, o combate, o obstáculo, o fosso,
E por ser o futuro enquanto eles são o passado.

(*O ano terrível*, [fragmentos], 1872)

Impresso no Brasil pelo
Sistema Cameron da Divisão Gráfica da
DISTRIBUIDORA RECORD DE SERVIÇOS DE IMPRENSA S.A.
Rua Argentina 171 – Rio de Janeiro, RJ – 20921-380 – Tel.: 2585-2000